无偏见投资者

走出投资偏见的陷阱，激发自己的财富潜能

[加] 科琳·索尔（Coreen Sol） 著　　陈先贵 译

UNBIASED INVESTOR

REDUCE FINANCIAL STRESS AND KEEP MORE OF YOUR MONEY

中国科学技术出版社
·北 京·

Unbiased Investor: Reduce Financial Stress and Keep More of Your Money by Coreen Sol.
Copyright © 2022 by John Wiley & Sons, Inc. All rights reserved.
ISBN 978–1394150083
All Rights Reserved. This translation published under license with the original publisher
Wiley & Sons, Inc.
Simplified Chinese translation copyright by China Science and Technology Press Co., Ltd.

北京市版权局著作权合同登记 图字：01-2024-1945

图书在版编目（CIP）数据

无偏见投资者 /（加）科琳·索尔 (Coreen Sol) 著；
陈先贵译 . -- 北京：中国科学技术出版社，2024. 10.
ISBN 978-7-5236-1041-1

Ⅰ . F830.59

中国国家版本馆 CIP 数据核字第 2024TX5238 号

策划编辑	刘　畅　褚福祎	责任编辑	褚福祎
封面设计	创研设	版式设计	蚂蚁设计
责任校对	张晓莉	责任印制	李晓霖

出　　版	中国科学技术出版社
发　　行	中国科学技术出版社有限公司
地　　址	北京市海淀区中关村南大街 16 号
邮　　编	100081
发行电话	010-62173865
传　　真	010-62173081
网　　址	http://www.cspbooks.com.cn

开　　本	880mm×1230mm 1/32
字　　数	175 千字
印　　张	8.875
版　　次	2024 年 10 月第 1 版
印　　次	2024 年 10 月第 1 次印刷
印　　刷	北京盛通印刷股份有限公司
书　　号	ISBN 978-7-5236-1041-1/F·1303
定　　价	69.00 元

（凡购买本社图书，如有缺页、倒页、脱页现象，本社销售中心负责调换）

前言

最小阻力路径

你趋向于表现得更像水还是更像电？

让我们想象一下用一股电流为两盏灯供电。一盏灯用的是 60 瓦经典白炽灯泡。另一盏灯用的是新式 8.5 瓦低电阻 LED（发光二极管）灯泡。令人惊讶的是，当一根导线同时向这两个电路传导电流时，两盏灯都亮了！也就是说，电流没有偏好电阻较低的 LED 灯泡。

与之相反，水总是走最小阻力路径。如果有更容易走的路径，水就会找到这条路径。

在我们的人生中，最小阻力路径就是那条最容易走的路，但走这条路只是一种选择罢了。我们有能力解决简单问题，也完全有能力解决复杂问题——我们可以选择低阻力路径也可以选择高阻力路径。但付出最少的努力当然是诱人的。

大多数人都明白拖延症影响他们完成任务和实现个人目标。

例如，假设你打算上班前进行晨练。早上 6 点，闹钟响了，你很容易说服自己继续躺在被窝里，而不是跳下床穿上运动短裤和跑步鞋。拖延症是偏好即时回报胜过了未来回报——偏好舒适的床胜过了健康的身体。尽管你有最好的目标，但这种偏见促使你选择最小阻力路径。

偏见除了会影响你实现健康目标以及其他个人目标外，还会促使你以某些可预测的方式存钱和花钱，这是我们近年来才逐渐理解的。虽然偏见的影响通常不易被察觉，但当它在你的财务决策中引发焦虑或导致判断错误甚至经济损失时，就会产生破坏性的结果。而且，尽管这些自然发生的偏见可能对人们的财务状况造成有害的影响，但在这种行为发生时，大多数人感觉不到也不知道如何干预。

过去 30 余年间，我一直从事行为金融学研究。我的正式身份曾是不列颠哥伦比亚大学奥肯那根分校（University of British Columbia Okanagan）的副教授。在实践方面，我是一名特许金融分析师以及全权委托投资组合经理。我喜欢观察客户遇到重大事件时在情绪波动状态下做决策的各种方式，这些重大事件包括 20 世纪 90 年代的亚洲、俄罗斯和阿根廷经济危机；2001 年 9 月 11 日发生的恐怖袭击；数不清的能源危机；突发天气事件；2008 年的经济大衰退，以及 2020 年的全球疫情。尽管情况千差万别，但我发现，大多数投资者的行为方式相对来说是始终如一的，重大事件再次发生时，他们还会遵循类似的模式。市场急剧下跌时，我可以预测到哪些客户会打来电话，我需要安抚哪些客户，以及波动加剧时哪些客户会主动改变投资政策。

同样能说明问题的是，当某些客户对投资市场的普遍混乱感到害怕时，他们打来电话的时间几乎总是在市场周期处于或接近低谷的时候。正是这种经历促使我研究是哪些因素影响着人们做出审慎财务决策的能力。过去 30 余年我与客户打交道以及管理其财富的经验和策略都写在本书里。

判断错误并非仅限于在股市跌到底部时冲动卖出你的投资。判断错误还会在意想不到的时候出现在你的日常生活中，会影响你花多少钱，存多少钱，以及你如何洽谈合同。人们基本上不会去探究那些造成他们财富损失的事件，每个人通常都会为之辩解，会把损失归咎于其他一些事实。

2021 年初在社交网站红迪网（Reddit）和其他社交媒体平台的热捧之下，游戏驿站（Game-Stop）的股价在几周内涨了 100 倍。请思考一下这一波疯狂的交易活动。股价暴涨后，公司的经营前景并不比暴涨前好。一定有别的东西在起作用，那就是参与其中的民众的行为，当时他们都认为购买该公司的股票是一个好主意。

投资者喜欢说服自己去买入定价过高的投资，认为这样做必有其道理，这并不是唯一的例子。我们生造的理由只会让我们对自己一时冲动的选择感觉好点。该证券定价已经过高了，但我们还是决定买入。然后，我们跟踪这次交易的时候就会带上一种自然倾向，那就是想确认自己的决定是正确的。如果在我们投资之后，股票价格上涨了，我们认为这证明了我们的投资是英明的。然而，股价上涨并没有改变该股票估值过高的事实。此外，尽管参与该短期收益的投资者充满热情，但股价涨得越高，以较低的合理价值重新定价的风险就越高。

所购股票的价格下跌时，我们同样会为自己的糟糕决策找借口，认为是某个外部因素造成的。我们总能找到现成的合理解释。不管这是不是一项谨慎的投资，我们都希望自己做出了正确的决定。

很多判断错误的例子看起来根本不像错误。例如，投资者因为过去买某种类型的股票赔了钱就拒绝再持有这种类型的股票。当然，避免重蹈覆辙的想法很好，然而完全依赖经验法则限制了这些投资者未来参与某些机会，这些机会有可能是合适的、有利可图的或者能提供重要优势。

行为偏见不仅会影响个人投资，还可能导致整个资本市场形成普遍模式。投资者的决定受到共同偏见的影响，可能引发广泛的市场变化。股市经常会因兴奋的浪潮而过热，或者因普遍的恐惧而崩盘。这种集体执行的行为表现为股票的超买和超卖，直到足够多的人意识到错误才会终止买入或卖出的狂热。当偏见扭曲了我们的分析并否定了我们的长期策略时，股价的涨跌幅度就会远远超出基本面所能保证的范围。

自从股票分析成为一个公认的职业以来，学者们一直在争辩市场是否是有效的。争辩双方都有很专业的理由。然而，能赢利的投资可以归结为一个事实。如果投资者知道有关一家公司的所有报告信息，并且信息得以广泛传播，那么任何股票或其他投资的价值都几乎没有什么争议。如果该公司的股票交易价格低于这个价值，精明的投资者就会买入，把股价推高到这个价值，直到无法再赢利。如果该股票交易价格高于这个价值，他们就卖出，将价格压低到这个价值。如果通过分析，我们就某只股票的价值达成一致，那么除了该企业的内部增长外，交易股票就没有利润或利润微薄。但是，在现实生活中，情况要复杂得多，因为人是决策过程的一部分，而人是有偏见的，会判断错误。因此，正是这些偏见提供了另一种获利方式：当其他投资者犯了错误而你认识到这个错误的时候。

随着我们对行为经济学的理解不断加深，投资者可以利用这些知识做出更好的决策，减轻金融交易中的压力，增加长期经济收益。由于你了解到某些条件对你行为的影响，你就有能力改进你的选择并增加成功的机会。

本书旨在帮助你理解偏见是如何以及何时损害你的财务决策的，以及如何减轻偏见可能造成的损害。通过确定个人价值观和长期目标，你可以减少要面对的财务决策的数量，从而降低潜在错误的影响。

本书还为你提供了一些简单的习惯，你可以把这些习惯融入你的生活方式中，从而避开你将在本书中了解到的许多陷阱。这种策略可以降低你的风险并减轻你对经济损失的担忧。

行为经济学是一个相对较新的学科，但大量的研究成果足以填满一本厚重的行为术语词典。这些术语的定义有很多是重叠的或者相互关联的，甚至是令人困惑的。此外，研究发现的偏见中有很多是难以用有意义的或者说实际的方法来避免的。为了消除这种不切实际的偏见，我提出了一个总体框架，将大量公认的偏见分成3类，这样投资者就更容易识别影响他们决策的潜在过程了。

大多数偏见都属于以下3个基本类型之一：

（1）我们依靠经验法则和其他效率机制来理解我们的世界，这可能会扭曲我们的判断。

（2）我们试图控制我们面临的风险，这有时候发生在最糟糕的时刻。

（3）我们有一种强烈的倾向，即相信自己是对的，即便自己的想法是错误的。

单一确定的偏见很少成为影响我们选择的唯一因素。我们的行为通常同时展示了各种相互作用的偏见。例如，持有亏损股票并卖出赢利股票的倾向可以用处置效应、损失厌恶和锚定来描述。买股票的追涨意愿与过度自信、证实偏见和从众心理有关。上述所有偏见以及其他一些偏见将在接下来的章节中讨论，第一章到第三章的主题分别是：理解你所见、控制风险、希望自己正确。

了解偏见何时出现是很重要的，因为偏见有欺骗性，它可能看起来合情合理。你可能觉得自己已经做出了最佳选择。然而，由于你的大脑管理数据的基本方式是采用走捷径和省时间的策略，这导致了系统性问题，你可能还没有意识到这些问题。

关键的一点是先确定哪些情况通常会干扰你的财务成功。为此，第一章描述了偏见可能导致扭曲和判断异常的各种情况。第二章概述了你控制风险的尝试如何破坏了你的目标。第三章阐述了我们根深蒂固的渴望，即证明自己的决定是正确的，这种渴望以各种各样的方式改变着我们的认知。阅读本书时，你可能会联想到很多例子，因为行为偏见在我们所有人中有着惊人的一致性。你可能会认识到自己所处的境地，包括过去和现在。你可能会认同各种各样的决策过程和理由。无论如何，你会注意到这些偏见是多么简单，却严重破坏了你的财务成功。这些偏见的无害性质甚至可能诱导你认为：既然已经意识到了这些偏见，将来就可以避免再犯类似错误。这样想很自然，不过如果你发现自己有这种想法，你就陷入了另一种偏见之中。仅限于知道是不够的，你会在研究特种部队谬误的过程中发现这一点。

　　然而，你可以通过本书提供的相对简单的习惯来纠正这些错误倾向。如果你曾经依赖于闹钟，那么你已经运用了一种控制行为的传统方法。同样，在你的生活方式中融入其他习惯可以促进你的财务成功。

　　本书除了将个人偏见提炼成 3 种基本的错误模式外，还提供了一个单一关键策略，适用于你财务状况的方方面面。让你的选择与你的价值观和长期计划保持一致，不做不一致的选择，这样你就可以从总量上减少需要做出的决策。该策略通过降低频率减少了行为偏见对你的影响，减轻了你面对这类决策的压力。

　　了解了自己的动机和目标之后，你一生中就可以避免大量让你心痛的事情。要想将你的价值观始终如一地与你的财务决策结合起来，首先你要知道你的价值观是什么。许多人对自己看重什么有一定的认知，但是很少有人采取必要步骤将看重的东西组织成一个实际可用的过程。通过遵循第四章中的 8 个步骤，你可以发现你的财务动机，并确定对你来说什么最重要。最关键的是，对这 8 项活动的反应都是由你驱动的，而且你的反应可能与你的邻居截然不同。这些步骤的强大之处就在于此，在你追求和维持明确的财务目标过程中起作用。我在与各种不同财富水平的人打交道的经历中总结出这些问题并运用于我今天的投资实践中。

　　这 8 项活动结束时，你将拥有一个帮助你实现最关键目标的工具。将你的个人经济价值观（PEV）应用于长远的决策将减轻从众心理、损失厌恶以及众多其他陷阱的影响。你改变主意的次数越少，要做的决策就越少，就越不会受到判断错误的影响。

通过坚持个人经济价值观，你将有能力减轻财务决策的压力，因为你可以避免交易决策并专注于对你来说最重要的事情。第五章和第六章介绍了几十年来我一直在帮助我的客户实施的策略。

做出与你的价值观相一致的选择将帮助你像电一样选择路径，而不是像水一样沿着最小阻力路径流动。最重要的是，你是在追求你自己特有的幸福。还是那个古老的问题：金钱能买到幸福吗？随之而来的问题是：如果可以买到的话，是如何做到的？你需要多少钱才能买到？你如何获得这些钱？第七章让你深入理解你多年来的感受，用研究来支撑这些感受，并将其提炼成你可以在生活中养成的有效习惯。

本书旨在减轻你在财务决策中的压力，产生更可靠的结果并降低你的财务风险。本书从知识上提供了大量帮助，这些知识是我在与各种各样的客户打交道的过程中积累起来的，但本书中包含的信息不是投资建议，也未能全面考虑你的特殊情况。如果读完本书后，你发现书中谈到的某个产品或服务很吸引人，我强烈建议你去找一位投资专家，他能帮你判断是否适合你。我还想声明，会有人的观点与本书不同。

目录

第一章

理解你所见

锚定：一只看不见的手

> **你的投资涨到高点后，你就忘不掉这个高点了。**

假设你想买一辆新车，而且你已打定主意要买一辆电动汽车，因为电动汽车运营成本更低，对环境的影响更小。你在互联网上搜索各种车型，然后你看中了日产的聆风。众多网站显示2021年这款车的制造商建议零售价约为4.5万加元①。这个数字就是你的起始值，也就是你的锚定值，或者更准确地说，它是日产在你脑海中植入的锚定值。除非有额外功能（需额外付钱），否则你永远不会愿意高于这个价格买这款车，而且你可能认为自己在展厅能谈到一个更低的价格。

如果你事先不知道这款车的价格并认为这辆车可能值3万加元，那么3万加元这个价格将是你最初的锚定值。你很可能因为要多花1.5万加元而对这款车失去兴趣。相反，如果你印象中这款车售价接近6万加元，你会高兴地发现自己要花的钱没有想象的多。当零售价高于你的预期时，感到失望是不可避免的。相反，比预期低的价格会让你高兴。你甚至可能会觉得自己省了钱。

---

① 1加元≈5.2134人民币（2024年8月8日汇率）。——编者注

你的预期与现实之间的差异引发了你对这次交易的感受。无论你的预期高还是低，两种情况下的购买价格都是相同的，你的感受不同是由你的最初预期造成的，而不是价格本身造成的。你不仅会基于之前的预期产生好的或坏的感觉，而且这种差别也可能会促使你或阻止你真正购买这款车。从情感上讲，你更在乎的是预期价格与实际价格之间的差异，甚至超过了你对商品的在乎程度。

和大多数人一样，你更愿意相信自己的选择是不受外界影响的。想到自己是通过独立思维确定了新车或者其他东西的价格，你就会感到安心。毕竟，你是靠证据和逻辑来做决策的。即使你无法获知全部事实，你也可以根据自己了解的事实形成一个合理的猜测。

然而，锚定值对你的财务决策有着极强的影响，因为锚定值不仅影响你的情绪反应，还影响你的谈判、最终支付的价格，甚至影响到你是否继续交易。锚定值有可能造成危害，当锚定值来自外部来源或完全不相关时，它尤其不准确。

你可能已经意识到大甩卖诱惑人的本质。折扣价甚至可以促使你购买你原本不想买的东西。当你看到价签上有原价和折扣价时，你可能就忘不掉原价了，即使你相信自己已经忘掉了也无济于事。零售商知道这一点，这就是他们不单独列出折扣价的原因，原价总是列在临时折扣价旁边。原价和折扣价在很大程度上是随意的，把二者放在一起来影响我们购买商品的感受，这样做是故意的。

尽管你可能相信自己有能力撇开过去的想法和结论，但你可能无法完全忘记锚定值。最初的锚定值过高或过低时，你可能以为自己已经摆脱了该锚定值的影响，因为这个值显然不正确或者不相关。你这样想就错了，因为锚定值作为调整的起始值仍然留在你的脑海里，最终还会影响你。

一项关于锚定效应的早期研究让参与者转动一个了轮盘，该轮盘已被设定为随机停在 10 或 65 这两个数字上。让每个参与者猜测加入联合国的非洲国家数比他们在轮盘上得到的数字大还是小。

在不知道确切的答案的情况下，大多数人都要进行一番思考，从自己的经历中回忆一些相关的信息。你脑海中可能会浮现出大西洋和印度洋之间的地图，上面有这块巨大的大陆。也许你会想到一个关于该地区野生动物的节目，或者是最近一个去非洲旅行的朋友分享的文化经历。不管怎样，你会意识到非洲很辽阔。你会依赖你拥有的所有知识做出估计。

假设你正在参与这个实验，你转动轮盘得到的数字是 65。你可能会意识到，65 个数字太大了，肯定不对。很快你会得出结论，加入联合国的非洲国家数要小于这个数。另外，假设你转动转盘得到的数字是 10，你会得出相反的结论。然后，这个实验继续要求参与者估计实际的数字。

实验结果很有说服力。轮盘上得到数字 65 的人估计有 45 个非洲国家，而轮盘得到数字 10 的人估计只有 25 个国家。轮盘上的随机数字显然与非洲或联合国无关，但锚定值却明显影响了参与者的回答。

这样的结果并非仅存在于实验研究中，在日常决策中同样很常见，但人们往往没有意识到锚定值和结论之间的联系。此外，当锚定值与当前问题完全无关时，锚定效应似乎特别有害。

想象一下，有人要求你提供你电话号码的最后两位数字，然后让你预估未来 10 年你的投资回报率。你可能会想："好吧，我的电话号码与我的投资无关。"你真心认为在估计回报率时你已经撇开了这些不相干的数字。然而，你的心理过程更有可能与参加那个联合国实验的人相同。你认为你的电话号码与投资无关，然后你选择一个数字，可能大于或小于你的电话号码后两位。不管你是否相信你已经撇开了那些不相关的数字，由于它们是你的起始值（锚定值），你还是很可能一定程度上受其影响，然后你从这个锚定值开始做一些调整，估计出你的预期回报率。

从无数关于锚定的研究和实验来看，这个过程的问题在于，人们在调整与锚定值的距离时往往过于保守。在这个例子中，如果你的电话号码以 87 结尾，你估计的回报率将远远高于电话号码以 02 结尾的人。你估计的回报率会在可能的范围内，但你的锚定值会影响你的最终估计。

再考虑一下你将去年的投资回报率作为锚定值的情况，假设你去年的回报率异常高，虽然你调低了今年的预期回报，但仍然有可能不现实。然后，当预期的高回报没有实现时，你可能感到很失望，在你经历了降低期望值的过程之后尤其是这样。同样，如果去年你的投资回报率比较低，那么你对今年回报率的预期也会比较低。

不管怎样，今年的实际投资回报率很可能更接近正常的长期平均值，而不是异常高或异常低。因此，考虑到锚定对结果的影响，将今年的预期回报率建立在去年的基础上无论如何都不是特别明智的。最好是重新校准，把你的预期回报率设定为你所投类型产品回报率的长期平均值，不做任何调整。

锚定值几乎是不可能撇开的，即使是那些以公正评价为荣的专业人士也一样做不到。在一项这类实验中，房地产经纪人被要求评估某套挂牌待售房产的价格。这些经纪人参观了这套房产，查阅了大量信息，包括挂牌价。一半的房地产经纪人看到的挂牌价比另一半经纪人看到的高得多，然后要求每个经纪人给出一个合理的价格。该实验还要求他们假设自己拥有这套房产，让他们确定同意出售的最低价格。

如果问他们是如何形成意见的，他们否认房产的挂牌价是考虑的一个因素。他们中的很多人还声称在他们独立分析中，房产的挂牌价是无关紧要的，他们以忽略挂牌价为傲。尽管这些经纪人坚称最初的定价未影响到他们的决定，但那些看到较高挂牌价的经纪人给出的售价要比没看到较高挂牌价的经纪人高出 41%。

锚定根植于所有财务决策之中，因为每个财务选择都涉及数字。对投资者来说，无法完全摆脱锚定值（或对锚定值做出充分调整）是个问题。另一个常见的例子是一个投资者仅仅因为某只股票的价格下跌就购买该股票。买股票不像买鞋子，鞋子在打折时购买其价值不变，但企业的价值会随着经济和预期收益的变化而变化。

另一个常见的情况是认为股价下跌后会反弹到最近的高点，即使明知跌到这个新价格是有经济原因的。认为股票的市场价格总是代表着公司股份的价值，这是一个传统的错误。有时证券会定价错误，通常是由投资者的偏见造成的。股票价格并不总是反映公司的价值或经济前景。更重要的是，公司的历史股价并不能预示公司的未来。然而，人们却错误地依靠以前的价格走势来预测未来的表现。

让我们以朱砂能源公司（Vermilion Energy Inc.）为例。路孚特（Refinitiv）的数据显示，2014 年夏天该公司的股价曾高达 77.92 加元，当时西德克萨斯原油（West Texas Oil）的价格是每桶超过 100 加元。在接下来的一年里，油价大跌，世界各地的石油公司股价都随之大跌。直到今天，投资者们，尤其是那些 20

世纪 90 年代石油价格最高时深度参与的投资者，仍发自内心地说石油公司股价现在很便宜。你认为某只股票的价格被低估时，你自然会得出股价应该上涨的结论。但是，某证券的当前市场价格应该已经反映了有关该行业和该公司经济前景的所有已知信息。如果股价曾被低估，有人应该已经买入获利，从而推高了该股票的价格。如果你认为以过去市价一半的价格买入朱砂能源公司的股票是很划算的，那么 6 年后你可能会感到失望。路孚特的数据显示，朱砂能源公司的股价仍然徘徊在个位数。只有当油价上涨时，企业的前景才会好转，股价才会随之上涨，而不是因为该股票过去价格高就会上涨。

认为根据股票的之前的价格可以推断出其未来的价格是毫无根据的。换一种方式考虑这个问题：ABC 公司现在的股价为每股 40 加元。你姐姐以 28 加元的价格买入，你朋友以 38 加元的价格买入，而你以 43 加元的价格买入。谁的买入价格反映了该股票的价值呢？你不能仅仅根据股价来回答这个问题，但锚定值会让我们错误地认为股价包含有用的信息。

此外，如果有足够多的投资者看到价格变化的趋势并采取行动，该趋势本身就可以成为一个自我实现的预言。所谓的技术分析师们试图根据过去的价格和成交量来预测未来的价格走势。这种技术实际上可能根植于发现大批投资者的行为动机。如果股票价格反映了投资者的集体决策，而人们通常都有类似的偏见，那么技术分析可能会有所发现。真是这样的话，如果人们都控制偏见，技术分析就会变得无效。

　　与相信股票可以回到之前的较高价格类似，锚定偏见诱使投资者对某个投资组合的高点念念不忘。一旦你的投资账户价值涨到高点，你几乎不可能忘记这个高点。当你的投资产品的市场价达到 1 万加元、10 万加元或 1000 万加元又因正常的市场波动而回落时，你总是会想起一个事实，即它曾经值那个价。即使你的投资组合以当前的价值计算已经获得了丰厚利润，如果当前的价值低于那个高点，你可能仍有一种失落感。

　　而且如果价值低于高点，你更有可能做的是持有你的投资，你想等待它回到那个更高的价值。不管现有的经济学理据指向什么，你都会假设该投资组合的价值将回升到以前的高点。

　　锚定值扭曲了你对业绩和投资价值的看法。它可能会误导你，使你持有一项资产的时间过长，并可能导致你因为某投资产品或其他商品的当前价格低于锚定值而买入。可想而知，无论在什么情况下，只要有锚定值存在，它就会影响你的决策，即使该锚定值是不相关的，也会有影响。不幸的是，除非你了解锚定值导致的问题，否则锚定效应在很大程度上是无法察觉的。一般来说，人们没有意识到锚定值是如此具有欺骗性，或者没有意识到他们的决策不像自己认为的那么独立。

　　重要的一点是，要注意投资的涨跌反映了预期回报（或收入）并受到经济前景变化的影响。某证券的价格或者某投资组合过去的价值不能作为预测其未来表现的手段。这就是为什么监管机构会警告投资者："过去的表现不代表未来的回报。"

代表性：走路像鸭子未必就是鸭子

看书名有助于挑选一个好故事，但也有例外。

想象一下，在爱丁堡市中心你坐在一辆出租车里，突然意识到苏格兰人比你老家的人要幽默得多。你想起曾在街上遇到的一对夫妇，他们停下来为你指路并轻松地调侃这座城市说："苏格兰没有坏天气，只怪人穿错了衣服。"

你想起几天前你刚到这个国家的时候，想起落地后的每一次愉快交流。有些人非常幽默，他们甚至会和你这个陌生人开玩笑。与之形成鲜明对比的是，你在多伦多的央街（Yonge Street）漫步时，没人向你道一声"早上好"。

回国后，你反复说苏格兰人特别友好，而且幽默，你是根据少量经历描述了整个国家。当然，你只是泛泛描述一下苏格兰人的特征，你觉得听者都明白并非所有苏格兰人都是天生的喜剧演员！当然，你的描述有一定真实的成分。你真心认为苏格兰人比你老家的人更幽默。

代表性有助于我们将信息分类，更高效地得出结论。例如，通常用少量的数据样本或其他指标来代表较大的整体。我们经常用有限的选择来代表整个群体。

当你没有其他东西可以使用时，依靠有限的信息来做决策是一种合理的方法。如果你只知道少量细节，这种方法是你形成观点的唯一可行方法。然而，你可能也明白从少量的数据中得出广泛的结论是错误的。一个小样本很少能准确地代表一个大群体，然而，将你的经验分类、计数并得出这种有局限性的结论是认识世界的一种简便方法。然而，这样走捷径有时候会导致人们错误地认为两个事物或事件是密切相关的。我们经常急于进行类推，假设整个群体的表现都是相似的，而该群体可能并不像乍一看时那样相似。

这种方法显然是带有偏见的，但通常又被认为是理所当然采用的方法。具有讽刺意味的是，人们通常不会反过来应用这个过程！当涉及某个具体实例时，我们倾向于忽视广泛存在的事实。我们倾向于将单个实例视为规则的例外，并认为每种情况都是独特的或与平均结果无关。当事情直接涉及我们自己时，尤其如此。然而，如果每个实例都是独特的，那么共同的区别就会使它们相似，甚至平均。我们每个人都是独一无二的，就像其他人一样。

想想当有人表现粗鲁或在车流中插队的时候。你很容易得出结论：这是个令人讨厌的人或者这是个糟糕的司机。然而，当我们以同样的方式行事时，我们会倾向于将这种行为视为一次例外。我们并不会认为自己是粗鲁的人或者糟糕的司机，相反，我们会把自己的过失归咎于昨晚睡眠不好或将要去看医生造成的焦虑。

同样，创业者们也忽视了创业失败概率很高的事实。他们相信自己的情况不同，轻易得出结论：高失败率不可能发生在我身上。如果相信有这么可怕的失败概率谁又会去创业呢？初创企业倒闭的数量大说明创业者有面对挑战的乐观态度，也说明他们一厢情愿地认为失败概率不适用于他们。但总体而言，当然适用。

我们也会用代表性来判断投资机会，评估一个投资时参照另一个投资。这样做比根据该投资本身的价值来做评估要容易得多。如果一只证券与你之前持有的另一只证券相似，为什么还要费力去分析它呢？

假设你对一家公司很熟悉，比如加拿大的 Shopify 公司，该公司为小型商家提供服务，让他们更容易在互联网平台上销售产品。然后一家初创公司提供了一个类似的全渠道平台。从库存、客户偏好、销售、分析、订单到现场销售点（POS）终端，该公司提供的服务使用户能够管理整个企业。人们可能不会从头开始分析这家新公司，而是倾向于套用已有的对第一家公司的认识。这样做的话，你会很自然地看到两家公司之间的相似之处，这些相似之处是过于简化的，甚至可能是根本不存在的。你可能会认为，这家初创公司的股价一定会像 Shopify 公司上市后的头几年那样迅速上涨。我们没有去评估一家初创公司的前景，而是被引诱去做一项更容易做的事：评估一家公司的前景时参照另一家类似公司的业绩。

投资者还青睐快速增长的企业，他们愿意为这些企业不断增长的收益支付更高的价格，通常是在这些收益尚未实现之前。投资者尤其热衷于某些初创企业，这些企业对于如何打破现状有着诱人的故事。预测科技进步将如何影响我们的生活，想象可能产生的利润，这些都不能取代对企业现金流和实际商业收益进行充分的基本面分析。趋势快速变化时，及时地对新选项做出分析并不总是那么容易。依靠参照来做决策是个诱人的简单办法。

从表面上看，通过参照得出结论似乎是一种明智的方法。虽然没有两家公司、两个投资或两个时期是相同的，但有时候二者看起来相似。有时信息与我们想做的参照并不是密切相关的，我们看到的趋势并非真正存在。这时候，如果我们从这些信息中得出结论，依靠代表性就是有问题的。

我们来看一位投资者，她正试图决定今年如何投资她的注册退休储蓄计划（RRSP）①供款。朋友给他两份投资建议。每份

---

① 注册退休储蓄计划是加拿大的退休前免税储蓄计划，该账户也可用于投资。——译者注

都有一页摘要，她把这两页纸放在餐桌上做比较。第一份建议是非必需消费品股票投资组合，包括亚马逊和家得宝（The Home Depot）——这两个名字她都很熟悉。第二份建议是多样化的新兴市场投资组合，即在欠发达国家做投资，这类投资在过去一年中表现异常出色。即使你不太了解非必需消费品股票或新兴市场投资，你也可能已经根据标题信息迅速做出了推断。这就是现实中的代表性：利用少量的信息得出广泛的结论。

也许你喜欢投资生产自己熟悉的产品的公司，所以你对那个非必需消费品股票投资组合更有信心。也许"多样化"这个词吸引你选择第二份建议，因为你认为你不应该把所有的鸡蛋放在一个篮子里。或者，你可能听到了对新兴市场总体的积极评价，或者关于非必需消费品支出的某个报告令你感到鼓舞，促使你选择其中一份建议。在上述任何一种情况下，你都不可能凭借投资名称或摘要页上的简短描述来对这两种投资的优点有任何了解。然而，你会趋向于根据这些有限的信息形成一种偏好。

法律要求投资基金警告投资者过去的业绩不能预测未来的回报，这是有原因的。一定程度上由于存在代表性偏见，可想而知投资者会把过去的回报作为预期增长的指标，但经过一年的出色增长之后更有可能是下一年的平均水平或低于平均水平的回报率。同样，你过去在某只股票、某个行业或运用某个策略的投资经历总体成败，也会说服你再投资它或避开它，而不管它的实际前景如何。这就是为什么这有句永恒的格言警告我们永远不要爱上某只股票。

另一个例子是，认为购买生产优质产品的公司的股票也是优质的投资。这是一个常见的错误。高质量的制造是购买其产品的正当理由。依靠这种经验断定购买该公司的股票是一项不错的投资，貌似合理。毕竟，一家公司生产的产品与该企业的前景之间存在一定的关系。然而，二者之间的差别比你想象的要大得多。你喜欢某一品牌的服装或汽车，并不意味着该公司的前景很好，也不意味着购买该公司的股票是一项很好的投资。哈雷戴维森公司（Harley Davidson）生产的摩托车质量非常好，但这并不能决定该公司的经济前景。有时候事物的两个方面看似相关实则没有我们想的那样密切相关，如果基于这两个方面的相关性考虑问题可能会导致错误的结论以及糟糕的投资选择。

代表性也是其他投资分析失真的根源之一。假设我们正试图判断哪家公司更有可能是一家石油资源公司：

第一家公司有 500 名员工，净收益为 6 亿加元。

第二家公司拥有 500 名员工，净收入为 6 亿加元，总部位于阿尔伯塔省卡尔加里（Calgary, Alberta）。

卡尔加里以拥有大量这类石油资源公司而闻名，如果你看到第二家司总部在卡尔加里就认为该公司更有可能是一家石油资源公司，那么你正在受到代表性的影响。你会趋向于认为第二个描述更接近或者更能代表你对石油公司的先入之见。你不仅会倾向于认为第二家公司更符合石油资源公司的特征，而且它符合你对石油资源公司先入之见的细节越多，你对自己判断就越有信心。然而，这是错误的推理。细节提供得越多，定义就越窄，就越具有排他性。也就是说，细节越多，它就越不可能（而不是越有可能）属于这个群体——石油资源或其他资源公司。

代表性还会欺骗你，让你看到不存在的股票价格上升或下降趋势。股市上涨了并不意味着会继续涨或者会改变方向，但从一个时段到下一个时段的模式令你高兴。你选择这个时段不一定代表更长周期的情况，但你看到从一个时段到下一个时段的趋势就会觉得舒服而愉快。

代表性是进行快速决策的高效方法。捷径之所以节省时间是因为它忽略了细节，而这些细节可能决定了你做出的决策是有利可图还是让你后悔。基于代表性做出假设时要谨慎。走路像鸭子、叫声像鸭子的东西未必就是鸭子。

货币幻觉：72 法则和通货膨胀的风险

> 你攒的钱因复合通货膨胀而迅速贬值。

加拿大不再铸造硬币的原因很简单：硬币的生产成本加上铜

的价值比硬币的面值还要高。500 年来无情的物价上涨已经让硬币变成了工艺品。你可以自己动手用环氧填料和旧硬币做一个可爱的铜桌面。就连美国的硬币现在也主要是由锌制成的。

商品的日常价格缓慢上涨，就像极地冰盖融化一样以难以察觉，人们很容易忽视通胀的破坏力。尽管我们抱怨菜花的价格小幅波动，但在相对较短的时间内我们基本上注意不到它变贵了。然而，由于通货膨胀是复合的，从长远来看，其影响是巨大的。物价呈指数级不断攀升，你的支出涨了又涨。

1900 年至 2015 年，美国的年均通货膨胀率为 2.9%，加拿大为 3%。两国最极端的通货膨胀峰值大约出现在同一时间，1918 年美国通货膨胀率超过 20%，此前的 1917 年加拿大通货膨胀率超过 15%。到 1921 年，两国都经历了有史以来最严重的经济衰退，通货膨胀率都降了下来，美国是 –10.7%，加拿大是 –15.8%。

美联储和加拿大银行都设定了 2% 的温和通胀目标。即使按照这个通货膨胀率计算，25 年后物价仍将上涨 64%。通货膨胀率稍微上升一点，就会对未来的物价产生实质性影响。例如，3% 的通货膨胀率将使同期的预期物价翻倍。

就像储蓄者喜欢复利一样，消费者害怕复合通胀。虽然 72 法则是估算投资翻倍需要多长时间的简单方法，但它也能帮你确定你的支出将以多快的速度增加。用 72 除以通货膨胀率，你可以估计出物价多少年翻倍。如果物价以每年 2% 的速度上涨，36

年翻倍。如果通货膨胀率为 3%，物价只需 20 年就翻倍。通货膨胀率越高，预期物价翻倍的速度就越快。爱因斯坦评价复利时说："知之者从中获利，不知者为之买单。"

复合通货膨胀并不是破坏我们良好储蓄意愿的唯一障碍。货币幻觉是按照名义价值看待货币的传统思维。我们倾向于按照印在钞票上的数字看待钱的价值，而不是看随时间变化的相对购买力。后者也被称作货币的实际价值，意思是货币的价值中已经考虑了通货膨胀因素。实际价值是用 1 加元能买到什么。今天一张 20 加元钞票比 10 年后同样的一张 20 加元钞票更有价值，因为今天用它可以买到更多商品和服务。然而，这个计算并不简单，这也是我们在考虑其价值时倾向于遵循其表面价值的部分原因。还记得你曾认为百万富翁很富有吗？现在的百万富翁依然富有，但远不如 1990 年的百万富翁富有。

货币幻觉也是你的约翰叔叔一直每年给你 50 加元作为生日礼物的原因。从你出生起，他每年给你这些钱，当年这可是一大笔钱。现在他仍然认为这笔钱很多，而实际上，今天 50 加元能买到的东西比若干年前少多了。

在你辛苦赚钱的时候，你工资单上的金额通常会随着时间的推移而增加，从而抵消了不断上涨的生活成本。如果你的资产价值和工资的增长速度等于或高于通货膨胀率，那么计算通胀率的意义不大。然而，当你已经退休并从你的存款中提取固定金额时，收入和支出之间越来越大的差额更令人担忧。忽视支出增加的自然倾向开始引发问题。如果收入和支出之间差额变得过大，退休人员可能被迫从他们的存款中支取超出计划的钱，或者改变他们的生活方式。

最近，一位年轻的客户问我，如果他存100万加元，每年获得8万加元的利息，他是否可以舒适地度过余生。不幸的是，假设每年的通货膨胀率不超过2%，那么今天获得的8万加元在36年后的购买力只相当于4万加元左右。1980年，一个面包的价格是7毛3分（0.73加元），40年后的价格是2.45加元，是原来的3倍多，但折合成年度增幅仅为2%。即使通货膨胀率较低，长期复合通货膨胀造成的货币贬值对你未来的消费能力而言也是灾难性的。现在花费1 000加元买的东西，20年后将花费1 485加元。

货币幻觉加上复合通货膨胀对你的退休计划构成了最大风险。对于决定离开职场的人来说，存钱太少无法满足未来支出是最大危险。具有讽刺意味的是，很多看似安全的投资选择却使保守投资者陷入购买力下降的最大风险之中。

在财务计划中加入通货膨胀保护措施需要你以惊人的数量攒钱。不过，你可以通过投资随经济增长而升值的资产来抵消通货膨胀。一般来说，随着某些产品和服务的价格上涨，提供这些产品和服务的企业会获得更高的收入。更高的收入转而增加了该公司的利润。更高的利润推高了该公司的股价。当你的投资升值时，就抵消了通货膨胀对你购买力的侵蚀。

甚至投资监管机构也会受到货币幻觉的影响。这些机构给某些投资贴上了安全的标签，仅仅是因为本金有保证，回报是固定的。然而，（扣除通货膨胀因素后）这些投资的实际回报率往往为负。低风险投资通常收益不大，很少能与不断上涨的商品和服务价格相匹配。考虑到税收和通货膨胀后，所谓的安全投资可能会使保守的投资者面临购买力下降的风险。

低回报投资保证你投资的名义金额不受损失，但考虑到未来其实际价值的损失，该投资一点也不安全。在通货膨胀率为较低的 2% 情况下，10 万加元的担保投资证（GIC）仅仅几十年后其购买力将不足 6.7 万加元。如果你在 55 岁退休并活到 90 岁，在你人生的最后几年，你的 10 万加元利息收入只能买得起现在 44 570 加元的东西，这还没包括税。这种急剧贬值会从根本上改变你计划好的退休生活方式。

如果你还有意外的医疗费用，通货膨胀对你的预算可能会产生很大的影响。按 2% 的通货膨胀率计算，想要 20 年后达到现在 10 万加元的支付能力，你现在需要有 148 595 加元。如果通货膨胀率更高，或者你需要额外的医疗，那么你需要的钱更多。

按 2% 的通货膨胀率计算，你需要存大约 130 万加元，以 5% 的利率投资，才能支撑 25 年每月 2 000 加元的退休收入。如果你的目标是每月 1 万加元退休收入，那么除非你有养老金计划或其他收入来源，否则你需要在退休前存 200 万加元。

拥有通货膨胀保护型养老金计划的退休人员是最幸运的，因为收入的增加抑制了退休期间物价上涨的影响，但这种固定收益计划很少见。不过，与退休储蓄计划相似的货币购买退休金计划，也有抵消认知偏见的作用。由于参加养老金计划往往是规定的，人们几乎不可能干预这个精心设计的收入计划。在某些情况下，参加养老金计划是一种完全不需要参加人缴费的雇佣福利。考虑到可能阻碍或破坏投资投入的自然偏见，养老金计划对大多数人来说是一种生活方式上的优势，那些随通胀调整收益的养老金计划尤其令人羡慕。

即使你意识到物价会随着时间的推移而上涨，你也不能轻易计算出你的购买力受到的复合侵蚀。未来货币的实际价值是不容易估算的。为了减少对货币未来价值估计错误的风险，你可以使用 72 法则来算出一个简单的近似值。用 72 除以通货膨胀率来估计物价翻倍所需的年数，你就会明白通货膨胀对你购买力的影响有多大。

近因效应：一个明确而现实的危险

上周发生的事情会影响你的决策，因为这件事在你头脑中占据了首要位置。

良好财务计划的一个重要方面是确定你需要存多少钱才能达到你的财务目标。该计划要考虑到回报率既定目标、物价上涨速度、你开始存钱的日期以及你什么时候需要这笔钱。投资者根据这些考虑来制订适当的储蓄计划，然后通常会把剩下的钱花掉。你越早开始储蓄，你获得更多财富的机会就越大。这样做还有个额外的好处，就是减少了定期供款的数额。

不管你哪天开始储蓄，你的目标能否实现最终都取决于该计划的准确性，也就是所使用的计算比率是否准确。由于财务计划是长期的，预期投资回报率与通货膨胀率之间只要有很小的差额，就会产生严重的错误。

人们习惯上用现行回报率来代表长期回报率，最关注的是当前趋势。不幸的是，最近实现两位数回报率的投资者在对未来做出假设时，不仅锚定这一回报率，而且倾向于更多地依赖最近的经验，认为目前的趋势很有可能持续到不久的将来。

近因效应是指赋予当前数据更大权重的自然倾向，认为该数据最相关。退休储蓄计划、投资组合，甚至保险单，都涉及推算几十年后的预期价值。如果估计的通货膨胀率过低或预期回报率过于乐观，计划可能会严重偏离目标。为了避免退休后把钱花光而后期又对计划做出了调整，那是很痛苦的事情。

影响你储蓄的意外事件——即使是短期的——也会打乱你计划好的退休生活。尽管 2008 年金融危机的持续时间相对较短，但资产价格的大幅下跌迫使很多即将退休的人重新考虑了自己的安排。当利率和股权收益率严重低于预期时，你可能被迫推迟退休时间。或者，一些投资者铤而走险，不顾波动性和资本损失风险的增加，选择了高风险投资。不建议用这种策略来解决资金短缺问题，对风险厌恶型投资者而言尤其如此。

再举一个投资条件预期导致困境的例子。加拿大政府在 21 世纪初出人意料地取消了收入信托单位的税收待遇。投资者此前已经习惯于从收入信托投资中获得高额回报。税收待遇取消后，收入信托单位因失去税收优势而几近消失。依赖这些高现金流证券的投资者们为了获得等量的月收入只能寻找风险更高的投资。

以一种保守的方式做长期规划可以减轻一些规划风险。然而，预测一个比当前回报率更低的回报率证明了我们对当前市场状况有着天然的偏好。我们仍然被当前回报率所束缚，只不过是调整了一下而已。采取相对于当前回报率更保守的态度是朝着正确方向迈出的一步，但由于我们对近期市场状况的偏好和前面讨论的锚定偏见，我们仍然可能做出过高的预测。

即使是专业人士也很难预测未来的情况会怎样变化。实际上，我们几乎不可能为截然不同的情况做出规划，因为我们天生倾向于认为未来会和现在相似。比如，想象一下，如果通货膨胀率有几年突然飙升至 8% 或 15%，而不是加拿大银行和美联储期望的 2%，情况会怎样。即使通货膨胀率最终回落到较低的水平，你未来的支出也总是会包含恶性通货膨胀这段时间，并可能导致储蓄不足。

考虑一下 20 世纪 80 年代和 90 年代的担保投资证和债券收益率，这个问题就很容易理解了。当时你获得的保底投资收益率高达 7% 到 12%，那时的你几乎无法想象到 2022 年利率会降至接近于零的水平。

那时候，客户需要预约与当地分支银行的个人理财师会面，亲自更新到期的担保投资证，因为当时还没有网上银行这种东西。

我就是这些理财师中的一员，我可以证明，客户几乎一致倾向于选择收益率为 9% 的 1 年期，而不是选择收益率为 7.75% 的 5 年期。他们当然认为选择较低的收益率是不明智的。然而，随着利率迅速下降，锁定较低的 5 年期收益率比每年以越来越低的收益率续期要明智。就像帆船上的彩带显示风向变化一样，长期收益率低于短期收益率，说明趋势可能正在发生变化。

同样，对于购房者来说，最低利率的抵押贷款期限不一定是最理想的选择。利率正在上升时，选择较长的固定利率贷款期限可能更有利，即使该利率最初高于其他选择。不管期限如何，人们都倾向于选择最便宜的利率，部分原因是人们认为未来将与现在相似。这常常是最佳策略，但并不总是如此。

加拿大银行的数据显示，1982 年的利率高达 21%，40 年后几乎降到了零。如今，在货币政策制定者有意压低利率的情况下，要想让存款增加，储户只能存入更多自己赚来的钱。

到 2020 年年中，加拿大和美国长期投资级债券向投资者支付的收益率不到 0.5%，与几十年前两位数的收益率相去甚远。由于回报微薄，许多储蓄计划肯定无法达到先前的预期目标。更糟糕的是，21 世纪头 10 年股市的颠簸走势导致投资增长整体上长期低迷。

一般来说，人们适应新事物的速度很慢，即便情况发生了很大变化，人们的反应依然如此。为了验证这一点，我们可以向房地产经纪人或投资者询问是否有未来房价下跌的风险。那些近年来炒房赚了几十万加元的人很快就会说，房地产价格总是在上涨。然而，在利率上升的长周期，情况并非如此。

我们发现在房价持续上涨之后，投资者易于忽视风险。然而，利率上升、税收政策变化、内战、恐怖主义，甚至是轻微的经济衰退都是重大风险，都可能在短时间内摧毁房地产市场。这些问题出现的可能性并不像许多受近因效应影响的房地产投资者想的那么小。

就利率而言，许多人认为在 2008 年金融危机之后，利率已经触底。然而，10 年后，利率降至新低。一旦利率接近零，上升的空间就大于下降的空间，特别是在大流行病破坏的供应链不能足够快地恢复时，或者是在工人不愿重返工作岗位时。这时候雇主会提供奖金和更高的工资来诱惑工人返岗，这就会导致工资通货膨胀。

人们知道利率会变化，也知道现状不会以我们喜欢的方式维持不变。此外，投资者明白，剧烈的经济转型会产生影响，从长远来看尤其如此。然而，如果我们相信灾难近在眼前，就很难制订计划。根据可预测的情况做决定更容易。我们更容易相信与明天最相关的日子是今天，所以我们对未来的预期不可避免地与现在发生的事情联系在一起。与很多其他偏见类似，我们几乎不会注意到近因效应，而且很容易为之开脱。

当你考虑你的投资选择时，或者当你延长抵押贷款的利率期限时，你要注意趋势变化的迹象。精明的借款者会控制杠杆，不借自己不能轻松偿还的钱，从而防范近因效应的诱惑。此外，获取应急现金或信贷额度可以缓解意外的财务事件。同样值得记住的是，房地产属于长期资产类别，相对于公开上市交易的股票等短期投资，通常不容易变现。

均值回归：有道理，但不能回答任何问题

> 显而易见的原因不一定能解释该行为。

思考一下这个说法：聪明女人，尤其是智商高的女人，往往会嫁给不如自己聪明的男人。

这种说法正确吗？你现在是不是正在绞尽脑汁想用你的经历来检验这种说法？

你可能对女性有既定的总体看法，你可能会考虑生活中各种各样的女性。也许你认为聪明的男人更喜欢避免竞争关系。也许你想起最近遇到的一对夫妇，他们的情况很符合这种说法。无论是哪种情况，你的日常经历都会浮现在脑海中，为你提供论据，从而针对本节开头的说法得出结论。

让我们暂时先把聪明女性嫁给谁这个难题放一放，现在来看一个与儿童有关的说法。具体来说，这个戏剧性的说法是关于极端暴力儿童的。

这种说法是：每天服用布洛芬，三个月后儿童的极端行为往往会减少。请注意，我不提倡或推荐任何药物治疗，也没有研究过这个问题。

如果你没有关于儿童暴力行为的直接经历，你也可以借鉴其他经验。例如，你可能会自然而然地用其他与布洛芬有关的问题代替青少年暴力行为这个问题。

你是否也想知道谁说的使用布洛芬有效果？你有没有质疑他们的动机或资格？毕竟，这似乎是一个非常粗鄙的解决儿童暴力的方法。

再最后举一个例子，在这个例子中我们将用一个非常不同的主题来证明我们是如何验证某些说法的。这个例子发人深省，因为它可能对你的财富产生影响。

收益率超过股市指数 10% 以上的基金，第二年的表现几乎总是较差。

这三个例子有什么共同之处？极其聪明的女性对男性伴侣的选择，布洛芬控制儿童极端行为的效果，以及非常成功的投资业绩，三者都是极端事件的例子。由于普通事件发生得更频繁，所以下一次发生的事件更有可能更接近平均值，这只是个数学问题。

均值回归描述的是一个极端的例子之后更有可能出现一个不那么极端的例子。由于普通结果比异常结果发生得更频繁，所以下一个结果接近正常值的可能性更大。普通结果比极端结果发生得更频繁。

从统计学上讲，有极端行为的孩子将来更有可能表现得更正常。由于布洛芬是该说法中提供的唯一值得注意的因素，即使布洛芬可能与儿童行为根本没有任何关系，你也会倾向于相信该药物起了作用。实际上，儿童行为的变化用均值回归来解释更好，因为正常行为发生的可能性更大。同样，由于大多数人智商中等，所以智商低于前文所述聪明女人的追求者数量更多。因为这样的追求者更多，所以被选中的概率也就更大。

同样，过高的投资回报也不常见，极端的市场事件不太可能再次发生，尽管我们愿意相信这类事件会再次发生。我们倾向于寻找原因来解释业绩或市场走势的变化。然而，极端事件往往回归均值，因为普通事件更常见，更容易发生。

可得性偏见和扭曲：高估易于记起的东西

> 地震后，本地商店里的应急包销售一空。

你做了多少家务，包括定期清洁、每周大扫除和整体房屋维护？拿出一张纸，写下你做的家务占全部家务的百分比。然后，问和你同住的人同样的问题，然后把两个百分比加在一起。如果结果超过100%，你们就受到了可得性偏见的影响。我们通常会高估那些容易想起来的经历。你更容易记起自己做了多少家务而不是别人做了多少家务。

记忆并不是全都一样。某些经历的记忆更容易从你的头脑中检索到，或者说更可得。最近发生的或者反复发生的事件和事实更容易浮现。我们也倾向于回忆更情绪化或更戏剧性的事件。你会更容易记起可怕的和令人震惊的事件，因为该事件细节在你的脑海中留下了更深的烙印。

回忆信息的轻松也会导致你对事件发生的频率、规模及其后果做出错误判断。你有没有在某次自然灾害发生后立即买了个应急包？你有没有在大流行病期间匆忙去商店囤积米、面和卫生纸，或者在心脏病发作等医疗事件发生后，去买通常不会随身携带的药物？然而，容易唤起的记忆并不是判断事件复发风险的可靠标准。事件发生事件较近以及记忆支配大脑的方式会让你认为这件事的复发风险高。

这就是为什么你听到一则关于澳大利亚水母蜇伤人的新闻后，你会有点不愿意在夏威夷的开阔水域浮潜。"可得性偏见"是指人们倾向于高估易记起的事实的重要性和可能性，然后依靠这些信息来做决定。这种倾向也会扭曲你对投资前景的看法，或者减少你获利的机会。

尽管有成千上万的股票可供选择，但不足为奇的是投资者会选择吸引他们注意的股票。暴涨或暴跌的股票，或者那些在新闻推送中和社交媒体上备受关注的股票，往往是投资者优先买入的股票。

经常回忆投资的成功、失败或剧烈波动也会影响你的风险偏好，并影响你评估某些投资的前景。你的投资选择会因为你的经历而被扭曲，而且这种经历越近或者越突然，越影响你看似独立的判断。

比如说，一个客户曾告诉我，绝不要买他投资过的利率重置优先股，因为 2015 年加拿大央行出人意料地下调了隔夜利率，那时他在这些优先股上损失了大量资金。这些特殊优先股的股息率每 5 年重置一次，因此较低的利率意味着较低的股息率。许多购买这类股票的投资者承受了股价下跌的损失，由于担心在下一个股息率重置日前利率不会上调，他们卖出了股票。投资者通常是为了降低投资风险才买的优先股，因此股价下跌令他们吃惊。由于优先股的股价下跌，大量投资者抛掉了这类股票，也许他们不明白这类股票的价格之所以会下跌是因为意想不到的利率政策变化，而不是因为该投资的质量变差了。尽管如此，优先股价格几年来一直保持低位，直到利率上升的预期重新激发了人们投资这类股票的兴趣。然后，这些被低估了的股票就大幅上涨了。

一旦利率格局发生变化，这种类型的股票能够提供诱人的税收敏感型收入和可观的利润，但无论如何，我这个客户都无法接受这类证券了。优先股有着低风险的形象，而且路孚特的数据显示，自 2020 年 3 月的低谷以来，这类股票极高的回报率只有暴涨的科技股能与之媲美。

容易检索的记忆也会让你认为某个事件再次发生的可能性较大，而实际的可能性没有那么大。2008 年金融危机和经济大衰退造成的波动是巨大的，但现在已经成为过去。然而，投资者遭受了重大的未实现或已实现资本损失，现在回忆起当时的相关事件和情绪，他们仍然心有余悸。这种回忆可能导致遭受损失的投资者采取比原来更加保守的立场。

回忆这些事件可能是为了避免过去的失败，但是，就像上面提到的那个关于优先股的例子一样，这种回忆也可能导致反应过度或持有非理性观点。2008 年的金融危机发生后，管理机构已经出台了相关防范措施和法规，大大降低了未来再次发生的可能性，但你仍倾向于认为再次发生的可能性很大。

忘掉过去的经历并不容易，也不明智。俗话说，忘记错误的人注定要重蹈覆辙。然而，要注意你对最近发生的事件的或极端事件的重视程度以及这些事件对你的观点的影响程度。"一朝被蛇咬，十年怕井绳"不是一个很好的投资策略。常理永远取代不了研究，在评估投资机会或风险方面也没多大帮助。我们通常会在其他场景中运用常理。

熟悉度偏见：认出陌生人

> 熟悉感可能会让你感到舒适，但会引发更多风险。

你审视自己的投资组合时，有没有发现那些你熟悉的公司让你感觉更舒服？有些公司是你不熟悉的，如果该公司的股票表现不太好的话，你有没有想过抛掉？有些公司家喻户晓，提供了你经常使用的服务，即使这些公司的股价下跌了，你是不是还继续持有？

也许你不愿意承认，但很多情况下你投资某些公司的股票只是因为你熟悉该公司的总体业务、所在位置，或者因为你对他们提供的产品和服务感到满意。卖出你不太了解的公司的股票会让你更安心，这些股票贬值的时候尤其是这样。

看看你目前的投资组合。如果你看的是证券，你可能会发现你不仅持有过多自己熟悉公司的证券，而且很有可能你把钱投在了你过去获利的行业。根据过去的业绩做出未来的投资决策不一定不明智，但也不一定成功。如果你想为自己投资过度集中找个借口，你会对自己说你对国内公司或特定行业的熟悉有助于你更好地了解这些投资，但熟悉度偏见是你偏爱某些投资的原因。

在任何情况下，投资集中都会增加不必要的风险。此外，如果你主要是基于熟悉度做出投资决策却很少甚至没有对投资价值进行调查，或者你对大量其他机会视而不见，那么你的偏见已经无形中影响了你赚钱的能力。

脸书（Facebook）[①]、亚马逊、苹果、奈飞和谷歌的母公司字母表（Alphabet），这 5 家公司的股票按开头字母简称为 FAANG 股票。这些股票之所以受到欢迎，部分原因在于这些公司很有名。同样，路孚特的数据显示，2021 年 1 月投资者将特斯拉的股价推高至收益的 1 200 倍。虽然特斯拉可以说是一家领先的电动汽车和电池制造商，但 1 200 倍的市盈率无疑过高，因为相比之下标准普尔 500 指数（S&P500）成分股的历史市盈率为 16 倍

---

① 现名元宇宙（Meta）。——编者注

左右。然而，投资者仍然有充分理由继续鼓吹投资特斯拉股票的好处。

不难想象为什么你买股票偏爱那些你熟悉的公司或者那些媒体热捧的公司。人们很容易产生一种基于常识的虚假安全感。然而，考虑一下本章前面讨论的代表性，它使你错误地认为生产优质产品的公司一定是好的投资选择。由于生产成本或营销费用增加，生产优质产品可能会侵蚀利润。此外，可能还有你没考虑到的其他业务风险。在没有进行投资分析的情况下，对企业的熟悉度和代表性一样，都不能预示该企业的投资前景。

同样，本土偏好——类似于熟悉度偏见——会促使你购买你所在地理区域的公司的股票，因为你熟悉它们的业务或者你和它们共同参与了本地经济。你甚至可能会为自己集中在本地区或本国投资而辩解，理由是你对本地公司或本国经济了解颇深，这使你在本地投资比在其他地方投资更有优势。不管理由如何，更多本地投资相当于在一个篮子里放太多鸡蛋，使你的风险大大增加。这样做也限制了你更广泛的投资选择。

熟悉度偏见会反复把你吸引到你认为自己最了解的事情上，从而干扰你的客观性。坚持自己最喜欢的东西是人的自然倾向，很多互联网搜索功能和技术都在其算法中利用了这种倾向。这些算法的本意是吸引你的兴趣，但无意中造成你无法发现新机会和新见解。如果你依靠这样的算法来做金融选择，或者说你倾向于做决策时一直依靠相同的消息来源，那么这些功能和技术可能会使熟悉度偏见的影响大幅增加。

你可能还会发现，你的投资组合中有大量自己曾工作过的某家公司的股票。由于熟悉度偏见，你甚至可能认为你对该公司的前景有深入的了解。我的一个客户告诉我，她永远不会卖掉泰勒斯公司（Telus）的股票。事实上，在她的所有投资中，泰勒斯公司的股票占比是最大的。她这种观点使她无法让自己持股多样化。

她说自己在这家公司工作了30年，她觉得该公司的股票一直表现不错。尽管已经退休将近10年了，但她仍觉得自己能够预测该公司股价的交易区间。有几次，她在没有查阅公司收益报告或其他客观数据的情况下就对我说该股票的价格会在某个价格区间内涨跌。此外，每当该股价格下跌时，她就会询问我增持是否合理，而这样做将导致她持股进一步集中，从而增加风险。投资的单一性增加了她的风险，熟悉度偏见却给了她一种虚假的安全感。

有些人认为，只做国内投资就可以消除外汇风险。这种想法也对。然而，就加拿大而言，它只占世界投资市场不到5%的份额，其经济严重依赖资源。那些把投资限制在境内的加拿大人，将自己过多地暴露于商品价格风险之下，而且限制了自己投资机会的广度。而且，在今天的市场中，加拿大境内上市的交易所交易基金（ETF）提供了没有汇率风险的参与外国经济的机会，因为 ETF 具有内在的汇率风险对冲机制。还有美国存托凭证（ADR）和加拿大存托凭证（CDR），它们要么是全球公司直接在美国证券交易所上市，要么是大型美国公司直接在加拿大证券交易所交易，并且可以对冲汇率风险。这些产品中的任何一种都可以直接提供各种各样的外国投资选择。而且，由于这些产品是在国内交易所上市，因而享受一定的税收优惠并具有本地交易的便利性。

　　熟悉度偏见会把你带到你的舒适区，这样一来，投资多样化和投资机会就会受到限制，不知不觉中你的风险就增加了。无数的研究机构证实，多样化是持续增加财富的关键。下次你调整投资组合时，请考虑一下，坚持你的舒适区是否像你认为的那样有效。

比例金钱效应：为什么我们节省小钱却忽视大钱

　　　钱是可以互换的，我们为什么要节省小钱却浪费大钱呢？

　　除非你喜欢 10 加元钞票上的约翰·A. 麦克唐纳爵士（Sir John A. MacDonald）或 10 美元钞票上的亚历山大·汉密尔顿（Alexander Hamilton），否则除了汇率外，在加美边境的两侧，一张钞票的价值是一样的，和钞票正面是谁的肖像无关。一张皱巴巴的 20 加元旧纸币与一张今天新印的 20 加元纸币价值相同。现在加拿大使用的聚合物钞票，有圆圈星座和水印防伪设计，而且如果你将这种钞票忘在了牛仔裤口袋里，洗上几次也不会坏。但新旧钞票的区别也就仅此而已了。

正是因为钱具有可互换性而且其面值是恒定的，所以只关心一些钱而不关心其他的钱是不理性的。然而，人们倾向于把钱装入不同的桶中并根据钱从哪儿来和钱要花在哪儿来赋予它们不同的价值。这种倾向被称为心理账户，我们将在下一节中详细讨论心理账户问题。我们将探讨以相对百分比进行讨价还价的自然倾向，即在大的交易中忽视钱的价值，在小的交易中过分省小钱。

以买鸡蛋为例，现在到商店买鸡蛋已经变得过于复杂。店里出售的鸡蛋种类繁多，有经典的白皮鸡蛋、红皮鸡蛋，有欧米伽 -3 鸡蛋、维生素增强鸡蛋、放养鸡蛋、素食喂养鸡蛋、认证有机鸡蛋，还有可爱的彩壳鸡蛋。每种鸡蛋的标价都不一样，从不到 4 加元一打到超过 8 加元一打。店家是如何给这些鸡蛋定价的？

顾客很可能会在灯光明亮的冷藏区来回踱步，玻璃货架上和整齐的纸箱中全是各种鸡蛋。我意识到，无论我用食指多么用力地托下巴，都无法决定是否要奢侈地购买 8 加元的鸡蛋。8 加元的鸡蛋是健康加倍了？美味加倍了？还是因为散养鸡要额外缴税造成的价格差异？为什么我不愿意买那么贵的鸡蛋却又不想买最便宜的？

就买你想要的鸡蛋好了！只差 3.5 加元而已。然而，由于最便宜的鸡蛋每打只需 4.5 加元，支付将近两倍的价格成了一个心理障碍。比例差异是阻碍我购买的原因。

"管好便士，英镑会管好自己"应该是个好建议，因为此话最初是 17 世纪英国财政大臣威廉·朗德斯（William Lowndes）说的。我们今天对待金钱还愿意接受这条建议，表明我们的自然倾向是过分关注小额金钱而不是大额金钱。

"那辆 67 年的雪佛兰黑斑羚你卖多少钱？"

卖家回答说："那辆浅蓝色跑车吗？卖 3.6 万加元很轻松。"

买卖汽车时双方讨价还价，最终商定的价格通常是一个整数。人们通常认为，讲到 31 963.55 加元这样价格是不值得的，是奇怪的数字。

此外，如果开始就对 1 美分、5 美分甚至 25 美分进行讨价还价，就会花费过多的时间。在大额交易的协商中，采用较大的加减幅度并对价格进行四舍五入是实际的。然而，在谈判的最后阶段，对小额金钱的公然漠视依然存在。当涉及的东西总价增加时，人们就会不关注小额金钱的价值。价格越高，谈判者愿意忽略的金额就越大，这就是比例金钱效应。

钱是可互换的，这意味着它几乎可以用来换任何与之等价的东西。如果你在大额交易中忽视小钱，那么在小额交易中努力省小钱就是荒谬的。1.75 加元始终值 1.75 加元。你买一条裤子省了 15 加元，或者在切达奶酪降价 2 加元时买了两块，如果你为此兴奋不已的话，为什么说以 750 530 加元的价格买房省 70 加元是无稽之谈呢？比例金钱效应描述了在高价值谈判中对小额金钱经常忽视，但在花费不多时却对同样数量的小额金钱过于关注。

考虑一下法律纠纷的和解。如果你把诉求从 1 000 000 加元提高到 1 000 001.50 加元，你多要这 1.5 加元会让人觉得可笑。在法庭上你会被嘲笑得无地自容。然而，当天晚些时候，你最喜欢的双层软糖冰激凌打折，平时卖 6 加元，现在卖 4.5 加元，你因此决定买一桶，省这 1.5 加元似乎是合理的。

你可能会想，"反正我不差这点小钱"，这可能是真的。但不管怎样，在大额交易中忽略小额金钱是一种奇怪的行为，因为大额交易提供了省钱的最佳机会。下次你在洽谈合同或大宗采购时，请记住钱是可以互换的，在大额交易上省钱可以免去你在多笔小额交易中省钱的努力。

心理账户：把钱分类

用于婚礼开销的钱不能用于偿还汽车贷款。

不管从哪里来的钱，也不管钱要花在哪里，钱都是一样的钱。它的作用只是存储一个价值，供将来使用。坦率地说，用钱买东西只是因为比用鸡或其他装不进钱包的笨重物品更容易而已。

所有的钱都是一样的。现金可以换等价的物品。它对商品、服务或其他金融工具一视同仁。100加元能买价值100加元的东西。

所以，如果你将一笔钱和另一笔钱区别对待，你是不是不太理智？显然，担心这1加元胜过担心那1加元是可笑的，但我们一直在这样做。

心理账户是一种自然的偏见，即根据钱是怎么来的或者钱要花在哪里把钱分成不同的类别。你带着这种偏见来做预算时，可能是有好处的。将足够的资金存入一个特定的银行账户，用于支付重要的固定开销，如房租、房贷和水电费，从而让你的基本需求首先得以保证，这是明智做法。然而，如果你把钱放在度假资金账户里，而不去还信用卡或其他不可抵税的债务时，你可能会遭受更多经济损失。

当你根据钱的获取方式理所当然地对其区别对待时，心理账户就有问题了。例如，工作收入通常用于支付日常开销和财务负担。另外，赠予或其他意外之财会被存入一个心理账户，用于即兴的或可变的开支，比如请自己出去吃一顿计划之外的大餐。

你可能会想："当然，这是应该的，因为工资是我辛苦工作赚来的，而赠予是别人给的。"你通常会把收到的赠予与自己赚来的钱分开。然而，值得注意的是，工作赚的钱和其他来源的钱可以买同样的东西。记住：钱是可以互换的。

继承是一个很好的例子，证明了人们根据获得金钱的方式赋予金钱独特的属性。通常，遗产继承人会将继承的财产与其他财产分开。人们倾向于谨慎对待来自父母或敬重的朋友给的赠予，而对待自己努力积累的钱财却没那么谨慎。

有时候，这些遗产从心理上预先设定了已故捐赠者的原则。有些人觉得很难撇开遗产的情感价值。想象一下，你谨慎的父母给你留下了 50 万加元，于是你决定以安全的投资策略来投这笔钱，因为你的父母会这么做，尽管在其他资产上你更关注增长。还有一种倾向是用遗产来还贷，认为这样做在财务方面更负责。即使贷款可以抵税或使用杠杆更划算，你还是要还贷。

再举一个例子，假设你的父亲一生中大部分时间都在大量投资石油和天然气廉价股票。在这种情况下，你可能会觉得有必要保留这些传给你的股票，即使这些股票不适合你的风险偏好，或者你完全不知道父亲持有这些股票的时间和原因。

大多数情况下，来自死者的遗产没有附加条件，一般来说，死者希望遗产对你有帮助，只要能给你带来好处，你怎么使用都可以。但无论如何，你可能会把遗产与你挣来的钱分开。

然而，你往往会把其他意外之财用于更轻率的花销上。如果你已经从自己挣的钱中留出支付预算内开支的钱，你会很自然地认为意外之财是一个满足预算外开支的机会。毕竟，用生日收到的钱还信用卡或者还车贷并不是很有趣。这种感觉更像是惩罚而不是奖励，因为债务是由过去的支出造成的，而这些支出不会再带给你买新东西的喜悦。即使只是卖掉了一些旧家具，你也倾向于把这笔额外收入花在预算外开支上。

比起未来的快乐，人们更喜欢现在的快乐。你基本不会想把一笔意外之财存入你的退休储蓄计划中，当然，除非你有目的地把获得的所有钱财按比例分配到你的储蓄账户中或其他重要目标上。这是个好主意，但不符合人的本性。

心理账户最奇特的例子是有些钱看似一笔意外之财，但其实根本不是。尽可能长时间持有自己的钱并用于投资或减少债务，这样做有明显的好处，但很多人不喜欢欠政府的个人所得税，而是喜欢退税。例如，2019 年，美国国税局（IRS）和加拿大税务局（CRA）都报告称：近 9 600 万美国纳税人和近 2 000 万加拿大人将获得多缴税款的退税。以加拿大为例，加拿大税务局欠加拿大人近 370 亿加元，这些都是多缴的税款。

提前缴纳税款相当于你向联邦政府提供了无息贷款。退税的钱一直都是你的，但你此前交给了政府，现在只是退给你。你本可以用这笔钱来投资，那样就可以赚更多钱，或者还贷，那样就节省了利息支出。如果把加拿大人 2019 年多缴的税款按 4% 的回报率投资，收益高达 14.8 亿加元。你之所以能退税，只是因为你为自己的收入缴了过多的税。

心理账户的另一个弊端是资金对你设定的这比资金的用途产生了黏性。想象一下，你正在计划举办婚礼，你留出 5 000 加元用于新郎和新娘的服装开销，结果租婚纱和燕尾服只花了 4 300 加元，那么你如何对待省下来的 700 加元呢？你更愿意用这笔钱提前还房贷还是更愿意将其用于婚宴呢？如果你和大多数人一样，那么你一旦将这笔钱划入"婚礼预算"，你就更有可能将其花在婚礼上。

如果你为度假而努力存钱，而机票的花费比你预期的要少，你可能会升级酒店，或者额外安排一次旅行，或者将这笔钱消费掉。人们很少会将度假结余的钱用于还贷、修房，或者储蓄计划。然而，这些恰恰是最有助于你实现目标的资金用途。

钱本身不偏好某个来源，也不偏好某个用途，你也不应该有这种偏好。租办公空间时把租金讲到较低的价格，省下来的钱与涨工资挣来的钱并没有什么不同。心理上为特定目标分配资金有助于确保该目标的实现，但你要把不同来源、不同用途的资金融合起来以产生财务上最有利的结果。这样做不符合人之本性，但这样做会节省你的利息成本并增加你的资产价值。

禀赋效应：忠诚度奖励积分不是白来的钱

我们对自己东西的估值往往高于别人愿意出的价。

19世纪末，雪莱·拜伦·哈钦森（Shelley Byron Hutchinson）在密歇根州巴特克里克（Battle Creek）的一家鞋店里突发奇想：给顾客一张代金券，将来买鞋时用这张代金券买鞋可以减钱，这可能会诱惑顾客下次再来。该计划非常成功，以至于得到托马斯·斯佩里（Thomas Sperry）的资金支持，两人合伙建立了第一家独立的代金券公司。

到了1896年，斯佩里和哈钦森公司（Sperry and Hutchinson Company，即S&H）开始在加油站、超市、百货公司用代金券奖励购物者。消费者在参与该活动的商店购物，获得正方形的纸质代金券。这些代金券是免费的，为的是鼓励消费者光顾那些参与代金券活动的商店，而不是去那些没有参与该活动的商店。这种代金券的样子就像绿色的邮票，边缘打了孔，背面涂了干胶，面额有1加分、10加分和50加分。每枚代金券的面值都是名义上的，你可以把它贴在赠送的24页小册子上。一个家庭在一本小册子中最多可以收集 1 200 加分。显然，如果两家店卖的一瓶发蜡价格相似，你会去发代金券的那家店，而不会去不发的那家店。收集代金券的过程很简单，也很吸引人。尽管这些所谓的"S&H 绿票"是免费的，消费者开始重视其价值。因此，忠诚度奖励之所以能成功推出，是因为它们迎合了购物者的偏好。

免费赠送积分之所以诱人是因为禀赋效应。人们对自己东西的估值往往高于别人愿意出的价。这似乎是拥有感和对失去自己拥有之物的厌恶造成的。例如，如果给你一些房间让你选出新办公室，开始你的选择可能会很灵活。但是，如果某个特定的办公室分配给你了，你一旦接受了这个决定，就会不愿意再换。研究人员已经对这种偏见进行了测试，发现从咖啡杯到房地产，无论是什么东西，都一样有黏性。

这种现象有助于解释为什么人们不愿意放弃他们的财产。你可能倾向于认为你拥有的东西更值钱，同样的东西，在没拥有它之前，你不愿意花那么多钱买。禀赋效应甚至在最初免费的东西上表现得也很明显。

免费获得东西也是天然的诱惑，不管这个东西你需不需要。想象一下，你在最喜欢的超市里漫步，手里推着一个装满日用杂货的金属购物车，这时候有人免费发给你一个洗碗机洗涤剂样品。即使你没有洗碗机，你也可能会接受这个免费样品。你可能会辩解说你可以送给有洗碗机的人。尽管这个洗涤剂样品是免费的，但有其内在价值。不过，人们赋予免费物品价值的偏好还是很有趣的。

穆里尔·比尔斯（Muriel Billes）的丈夫是加拿大轮胎公司创始人之一，也是首任总裁。穆里尔深知忠诚度的价值，她于1958年发明了加拿大轮胎币。早在1922年，该公司就发现人们喜欢小额代金券。获取免费代金券，将来购物时可以使用，这是一个令人乐意采纳的建议。加拿大轮胎币大受欢迎，以至于其他零售商为了留住客户也接受用这种代金券抵现金。今天，该公司仍向顾客提供具有名义现金价值的轮胎币，但消费者需要注册成为该公司的"三角奖励"会员。虽然积分、优惠券和代金券的金额是名义上的，但都有内在的货币价值，因为你可以在未来购物时省钱。

你有很多心理账户，其中一个可能记录了你的奖励积分，因为你倾向于根据钱的来源或预期用途将其分类，意外之财会自成一类。虽然忠诚度奖励，包括积分、代金券、优惠券或其他可交易奖励，不像金钱那样可互换，但也足够灵活，可以为各种购买行为付款。然而，因为我们觉得这些积分不是挣来的（就像我们挣工资那样），人们更愿意将这些忠诚度奖励挥霍掉，或者将其用于非必要的开销。来得容易去得也快。

由于忠诚度奖励有其价值，虽然最初是免费得来的，我们也很难将其忽略或抛弃。即使用代金券买东西时还要花费更多的钱，人们也更愿意用代金券而不是将其扔进垃圾桶。由于心理账户和禀赋效应的协同作用，显然人们宁可额外花钱也要使用积分。而且，虽然一些奖励机制可以积累到一个很大的值，但很多都是名义上的。如果可以兑换无论如何都要买的东西，即使只是一张 5 加元钱的优惠券，而且要求你在指定的商店购物，你也很难扔掉。

到了 20 世纪中期，"S&H 绿票"已经无处不在。日常生活中，人们把一张张代金券黏在小册子上，直到小册子变得很重，封面涨得无法合拢。随着在北美市场的巨大成功，该公司开始向海外市场发展。在英国发行的代金券是"粉票"，因为另一家公司已经注册了绿票的商标。

20 世纪 70 年代出现了经济衰退，随着人们勒紧裤腰带渡过难关，代金券的名义价值不足以诱惑人们花钱和收集它，代金券带来的忠诚度也不复存在。尽管该系统已经没落，但与忠诚奖励计划有关的赢利经验并没有消失。

自 20 世纪初至今，忠诚度奖励计划走过了漫长的道路。鉴于忠诚度奖励的吸引力，加之大多数消费者现在都有智能手机，可以自动跟踪积分系统的积分数，很容易理解为什么现在众多零售商实施忠诚度奖励计划了。忠诚度奖励计划诱人，易于追踪，并可以迅速参与。如今参与忠诚度奖励计划很简单，只要在智能手机是下载一个应用程序，然后在购物时扫商品上的条形码或二维码即可。这些应用程序与数百年前的 S&H 代金券没什么区别，只是数字化了。这些奖励并不是为了给消费者省钱，而是为了确保消费者以特定的方式、在特定的品牌上花钱，或者比计划更早花钱。此外，现在电子跟踪技术提供的数据让零售商能够了解你的消费习惯。

商人在几十年前就意识到，由于锚定效应，大甩卖具有天然的吸引力，本章的开头已经讨论过锚定效应了。当然，精明的购物者想花更少的钱买同样的东西。然而，大甩卖的意义不仅仅在于让你以最优惠的价格买到你需要的东西。限时甩卖会鼓励你马上买，不管这个东西你现在是否需要，甚至会导致你购买自己根本不需要的商品和服务。

对于网上购物，一种相对较新的现象是吸引购物者自动、按时购买他们经常消费的商品。由于消费者不再依赖自己的记忆，自动重复购买缩短了花钱的周期，促进了更频繁的购买模式。如果你设置了自动重复购买洗洁精，你繁忙的生活就不会再受到这项日常消费的干扰。这是零售商乐于看到的，他们愿意用适度的激励措施赢得你的定期购买承诺。零售商还额外获得一个优势，那就是知道你不会再去别的商店买洗洁精。

营销人员明白特价、优惠券、忠诚度奖励积分消费决策的影响。他们会用这些活动来影响你花钱的方式和时间，他们喜欢让你的钱加速离开你的钱包。当你觉得你被诱导着去买一些你现在不需要或者永远不需要的东西时，事实可能就是这样。你经常能看穿这些把戏，然而，不受这些活动的诱惑可能没有你想的那样简单。

无论你攒的是信用卡、旅行社还是超市的忠诚度奖励积分，该积分的价值都不是恒定的。以特定的方式购买特定的商品花掉这些积分，这样做比较划算。显然积分的价值是没有标准计算方法的。为了弄清楚每个积分的价值，你必须研究各种各样的积分换购商品和服务的规则，而且很多积分都会过期。忠诚度奖励有其目标，但该目标不是增加你的财富。

积分的价值只在于你可以用它来换东西，但人们往往把积分攒起来以备不时之需。为了避开这一误区，你可以把积分花在你通常会用现金购买的东西上。通过适度的研究，找出你能从积分上获得的最大利益，但不要让复杂的积分计算阻碍了你使用积分。最好把积分花掉，以节省更多的现金。无论是星期几，拥有更多钱总比拥有更多积分好。现金比奖励积分储存的价值更长久，也更灵活。

如果你无法把积分用在你需要的东西上，或者使用积分还需额外花没打算花的钱，请考虑捐赠这些积分。如果你捐赠的积分价值足够大并且对该组织有用，你可能因捐赠获得税收抵免。

现状偏见：惰性的影响

> 选择越多，你可能感觉越富有，但你的行动却越少。

《哈姆雷特》第三幕第一场中，主人公思考着生与死的利弊："生存还是毁灭，这是个问题。"

哈姆雷特的优柔寡断到了无可救药的地步。他每做一个决定都要无休止地反复评估，这使他无法采取任何行动。他开始为死去的父亲报仇时，先是遇到了正在跪地祈祷的仇人克劳迪斯。哈姆雷特说服自己不在仇人毫无防备的情况下杀死他，担心这会导致仇人升入天堂。然后，哈姆雷特又心生疑虑，担心父亲的鬼魂是恶魔假扮的，想骗他去寻仇。然后他进一步让自己陷入内心的挣扎，问自己是否应该彻底超越野蛮的谋杀行为，他相信自己是一个思想者，而不是一个杀戮者。哈姆雷特的优柔寡断和自我施加的困扰最终让他不能动手。他没法完成这项任务。

最终，哈姆雷特根本没有为他的父亲报仇。不过，和所有优秀悲剧的结局一样，在最后一幕中，该剧所有主要人物都死了。

哈姆雷特的循环推理使他无法做出行动。怀疑会影响你做决策的能力。当你不知道全部细节或者你不确定最终结果时，在缺乏明确性的情况下做出选择会让你感觉不舒服，通常会让整个进程停滞不前。

而且，当你不知道如何决定时，你可能会继续做你一直在做的事，有时候这意味着什么都不做。比起改变路线，维持现状更不容易产生冲突。维持现状也更省力。

比如，有些人不再需要云存储和某些软件的服务，但又不取消，这些服务的提供商因此获利。这些公司知道，退出自动付费计划与最初订购时一样费力，甚至更费力。如果每月开销不大，你宁可继续为你不想要、不需要的自动付费项目买单也不愿费力弄明白如何退订。

再比如，你更有可能删除不想接收的电子邮件而不去设置拒收，尽管你知道这个发件人将来会继续向你发送更多垃圾邮件，还需要你思考之后删除。你会想那是未来的事，到时候再说吧。你这是在走最小阻力路径。

即使是上进心很强的人，在不确定该往哪个方向走的时候，也会犹豫不决。在没有经验法则，没有变通方案，也没有简单解决办法时，努力也会使决策过程复杂化。在某些情况下，选项过多和选项混乱是造成推迟或逃避做决策的原因。当我们放弃做决策并继续做现在做的事情时，现状偏见就占据了上风。被动的方式更容易占上风，虽然这是我们不想看到的。

经济学家的理论是：选择越多，我们越高兴。选择越多越好。如果有更多的选择，你可以更精确地选择商品。假设不是只有蓝色、红色两个选项，而是给你一个色轮，上面有蓝绿、深蓝、天蓝、海军蓝、深红、亮红、鲜红、宝石红、砖红等颜色。有这么多颜色可选，本应该是有好处的。然而，对于很多人来说，增加的选项非但没有带来好处，反而把他们弄糊涂了。假设你有个 12 英尺①见方的小房间想粉刷一下。这项工作既要花钱又要花时间，所以你不想选错颜色。在蓝和红之间选择要比纠结于 14 种不同色调容易得多。红色和蓝色的区别明显，而深石榴红色、砖色、红葡萄干色之间的细微差别让你难以决定更喜欢哪个颜色。

对选择错误的恐惧也会让你无法做出任何决策。油漆颜色选错是个问题，但不是世界末日。事实上，如果令人眼花缭乱的油漆色卡没有让你一时想不明白的话，你很可能会意识到即使选错其后果也不会长期影响你。你可以再买一桶油漆，再留出一个周末粉刷。

然而，如果是在财务方面，选错的后果就严重了。决策过程因而有了压力，压力使本来就复杂的决策更难了。逃避财务决策是常见的，但拖延可能导致损失，是有害的。你可能没有意识到失去时间就是失去金钱。由于复利和货币的时间价值，现状偏见会减少你未来的财富。

考虑一下私营养老金计划、延期利润分享方案，以及其他聘

---

① 1 英尺 ≈ 0.3048 米。——编者注

用者赞助的投资者补偿计划。一些公司除了为员工提供这些福利计划外，甚至还根据员工的每月供款金额提供匹配。尽管这些计划为所有参与者提供了可观的福利，但仍有数量惊人的新员工没有完成启动福利计划的文书工作。公司愿意匹配一笔钱，相当于你的供款额获得 100% 回报。据报道，造成员工不启动福利计划的原因是他们不能决定每月投多少钱以及选哪个最好。行为经济学家已经认识到这种现象的普遍性，于是发起了一场运动，要求聘用者向员工提供自主退出计划而不是自主加入计划。现在，许多聘用者为他们的雇员提供了自动基本登记。

即使你的储蓄计划供款额相对较小，推迟这项投资计划的开始时间也会让你付出惊人的代价。每月供款 100 加元，12 个月一共才 1 200 加元。然而，一年后，按 6% 的回报率计算，每月 100 加元的供款加上公司匹配的钱，会产生 2 467.11 加元。而且，少供款一年的话，40 年后将少得 25 376 加元。你现在只需每年从薪水中拿出 1 200 加元，将来就能多得 25 000 多加元。

假设你在 30 岁时每月存款 300 加元，回报率为 8%，那么到 65 岁时，你的存款将接近 69 万加元，而你只投入了 12.6 万加元的自有资金。如果你推迟到 45 岁再开始存钱，你每个月就得存 1170 加元来弥补差额。为了在 65 岁时有同样多的钱，你最终要从你的收入中拿出大约 28 万加元，而不是 12.6 万加元。

毫不夸张地说，时间就是金钱。现在就开始存钱而不是以后再开始，这样可以减少任何储蓄计划需要供款的金额。由于复利的作用，较早存钱的话，总供款额较少，但结果一样。现状偏见值得纠正。如果你没有专业顾问或可信赖的人帮你做决策，请尽快开始你的养老金或储蓄计划供款。以后你还可以随时修改你的供款计划。

第二章

控制风险

保守主义：很接近，但还是差一点

> 你对世界的看法不一定考虑到了所有新信息。

环境发生变化的时候，人们往往会不由自主地拒绝接受新信息，并且总是过度依赖已有的信条和早前的决定，如果这些观点过去很有效就更是如此。人们坚持旧理念，甚至在对自己不利的情况下还坚持。你可能会想到一些日常生活中的例子。过去流行的衣服虽然当时穿起来觉得很时髦，过了几年可能就会显得不合时宜，甚至很土气。还有些销售人员总是依靠以前的惯用技巧，可是对于现在更精明的消费者而言，这些技巧已经陈旧而无效了。

做出改变是一件很难的事，即使改变，我们一般也是采取渐进的方法，而不会全盘改变。我们不会彻底接纳全新的观点，可能会把新旧信息结合成一个混合的观点。保守主义正体现了这种常见的勉强情绪，在面对新的、不同的数据时，保守主义可能会让你对现有的观点和精神做出不充分的调整。直白点说，哪怕全盘接受新信息能提供更准确的视角，人们也仍觉得融入新信息的中间路线比全盘接纳更安全。

坚持以前的想法，哪怕只是坚持一部分，也是一种保守的做法，这种勉强情绪可能会影响你的理财观点，削弱选择的效力。也就是说，这种看似保守的方法会限制你的财务成果并使你面临不必要的风险。

举个例子，如果某公司发布公告称赢利增长速度加快，尤其是当这类消息出人意料时，股东和新的投资者通常会对该报告持保留态度，不会做出充分的反应。人们通常把这种意外增长归因于某个孤立的事件，而不是公司增长模式的持续变化。这种偏好是单方面的，这样的保守主义会抑制人们对有利信息的热情。由于这种犹豫，股价会继续被低估。

反之亦然。公司收益的意外下降就像意外上升一样经常被忽视。由于你有这种偏见，你会发现自己关注该公司过去的增长太久了。由于对该公司新出现的收益下滑持谨慎和怀疑态度、行动太过缓慢，投资者根本无法接受这个事实。我们更倾向于看好该公司以前的能力，并在其业绩下滑很久之后仍在肯定其历史表现。早前的报告会继续影响你对该公司前景的态度，即使其业绩已呈下滑趋势。具有讽刺意味的是，这种保守的做法会让你面临更大的下行风险。

当大多数投资者行事保守时，集体反应（或无反应）可能会让股票在很长一段时间内被错误定价。投资者普遍的勉强情绪会抑制或支撑股价，因为过时的信息仍然会被纳入投资决策。

但是，这种集体反应却可能让你获利。你不要像其他受保守主义影响的投资者那样随大流，而要批判性地看待收益报告并准备更新你的观点。其他投资者会受到偏见的影响，所以不要指望大众来证实你的观点。当盈利增长或下降的速度加快时，尤其是当市场参与者对此感到意外时，要大胆地相信报告。

无偏见投资者会以被低估的价格购买投资产品，靠差价获利。卖出夸大公司前景的证券也是精明之举。不要被保守主义愚弄。保留旧观点并不安全。根据过去得出的令人欣慰的假设可能对你有太大的说服力，而股价总是高于（或低于）预期。

赌徒谬误：正面还是反面

> 平均概率不代表单次机会的实际结果。

每次抛硬币，正面朝上或反面朝上的概率相等。但是，如果连续几次都是正面朝上，你可能会不自觉地预言下一次抛硬币会反面朝上。连续抛出正面的次数越多，你就越有信心下次会是反面，但实际上每次的概率并没有变化。

人们总是相信结果应该或多或少接近平均概率，通常会认为如果抛 50 次硬币，正面朝上和反面朝上的机会应该各占一半。可是，它们却有可能都是正面或都是反面。随机抛硬币的结果不需要体现平均概率，而且也确实经常不体现平均概率。

假设你一共抛出硬币50次，其中45次正面朝上，5次反面朝上，可是下次再抛的时候，反面朝上的概率并不会因此就高，因为每次抛硬币时，正面朝上和反面朝上的概率相等。硬币有一半的概率是正面朝上，但也有可能每次都是正面朝上。

先前的结果对下一次抛硬币没有影响，每次抛出硬币的结果之间不存在因果关系。

随机性并没有什么规律，但人们总感觉应该有。这就是所谓的赌徒谬误。即使你只是在大脑中想象连续随机抛硬币的情景，你对正面或反面朝上次数的想象也要比实际发生的情况更多样。这让你觉得随机性比通常实际发生的情况更混乱。

随机性看起来好像有规律，那是因为我们赋予了它意义。但是，随机事件之间并没有因果关系，包括抛硬币。尽管如此，我们还是更容易相信随机性也有规律。你认为自己可以预料或预测变化规律时，就会觉得对环境有更大的控制感，这转而又让你内心感到平静——尽管这种信念是自己生出来的。

投资的时候，你也想找到规律。影响股价的随机事件让你相信，下一步的走势即使无法预测也是可以理解的。连续几天股市下跌之后，你可能忍不住认为股市很快就会回升。或者你可能会抱有另一种的想法，就是认为接下来几天它还会下跌。这两种情况的错误之处就在于认为随机事件中存在规律，而实际上并没有规律，因为一个事件不会导致另一个事件。

生活中的许多事情都是无规律的，也就是说，它们不会按照计划发生，但你却总是忍不住想找出规律。当然你也希望用公式和趋势来解释正在发生的事情，并通过寻找标记来理解事件；更重要的是，你还想用这些标记来定义未来。

在投资中，赌徒谬误会给你错误的激励，让你觉得自己能看清规律，并认为自己能够通过把握市场时机来控制风险。其实，把握市场时机是有偏见投资者的游戏。从长期视角来看，你最好的选择就是继续投资，无视市场的波动。

可能性和确定性效应：一鸟在手胜过双鸟在林

> 在成本较低的情况下，中大奖的机会即使渺茫也很诱人。
>
> "一个老人98岁了。他中了彩票，可第二天就去世了。这就好像你的霞多丽白葡萄酒里面有一只黑苍蝇，又像死刑犯获得了赦免，却晚了两分钟。这不是很讽刺吗？"
>
> ——艾拉妮丝·莫莉塞特（Alanis Morrissette）

加拿大著名歌手、词曲作者艾拉妮丝·莫莉塞特知道如何打动他人。她在全球发行的专辑《小碎药丸》（*Jagged Little Pill*）共获9项格莱美提名，其中5项获奖，包括1995年最佳专辑奖。

该专辑后来被制作成百老汇音乐剧。

20 世纪 90 年代初，她的女中音通过随身听录音机、唱片和无线电广播传遍了千家万户。她那情真意切的歌词吸引了一个时代的人，既有年轻人也有老年人。即使在今天，她在脸书上也有 350 多万粉丝。

莫莉塞特拨动了平凡人内心深处的那根弦，与他们的希望和梦想产生了联系，也获得了自己的事业。莫莉塞特的《小碎药丸》表现出人们所共有的一些真挚情感。

本章开头引用了莫莉塞特热门单曲《讽刺》（Ironic）中的几句歌词，我们不需要多么独特的洞察力就能理解歌曲开头那几行字所表现出的伤感。故事的主人公在如此高龄的时候中了大奖，却只享受了不到一天。莫莉塞特只用了不到两小节就让听众由喜入悲。突然的死亡已经够悲惨了，可它又发生在中彩票的第二天，那就更需要用歌声悼念了。

中彩票真像人们说的那样好吗？"中彩票"一词现在不仅用于彩票结果，也泛指各种意想不到的好消息。但是，它和我们一直赋予它的幸福程度匹配吗？

买彩票的大部分乐趣在于想象出一种没有负债的生活，以及随之而来肆无忌惮的疯狂购物。有一大笔别人一辈子没见过的钱，这件事想想就让人很快乐。玩过彩票的人至少都有那么一瞬间想象自己的名字被印在了彩票中心那种纸板做的支票上。甚至你可能还想象过打电话告诉朋友和家人你打算和他们分享奖金，或者告诉老板你明天开始永远不去上班了。

对快乐之事的期盼会释放出一种大脑化学物质，让人产生喜悦的感觉，不管这件事多么不可能发生。从49个数字中选到6个幸运数字的赔率是13 983 816比1，你大概率不会中奖，但一想到堆积如山的钞票和生活翻天覆地的变化，你大脑中的神经化学物质所产生的愉快的心理效应不会因概率太小而减弱。中彩票的可能性是如此之小，以至于更多的快乐来自买彩票的人对奖金的想象，而不是单个中奖者的独特体验。

买一张彩票花的那一点点钱换得想象快乐中的一小份，难道不值吗？彩票成本如此之低，奖金又相对巨大，因此为了中大奖拼一下，这样的赌注诱惑极大。真的如此吗？这其中就有偏见。

买彩票如此受欢迎的原因就在于可能性效应。下注的金额很小，即使没赢，人们也不会损失很多，也不会太后悔。

一张小彩票诱惑很大，如果最后中奖那张来自本地彩票店，或者你认识的人中了大奖，你可能会后悔。如果办公室的人都买了彩票，虽然中奖的可能性很小，你一定也不想成为那个唯一没买彩票的人。如果你在自己的幸运号码被抽中的那一周忘了买彩票，情况就更糟了。因为有了这样一个小投入，你就不会因为没中大奖而捶胸顿足——尽管机会非常渺茫。

此外，购买彩票把使你从机会为零（连彩票都没有）变成机会很小。这是重要的差别。你创造了以很小的成本赢得巨额奖金的机会。具有讽刺意味的是，如果本来机会渺茫，现在仅是增加机会，大多数人会不感兴趣。假设人人都有 15% 的中奖机会，这时候即使你的中奖机会提高到 20%，甚至 30%，也没有什么诱惑力。两种情况下，你的中奖概率都会小幅提高。但是，比起已经有中奖机会增加，可能性的从无到有更有吸引力。

决策模式与买彩票一样，而且也明显体现在限制不可能事件的风险方面。只要是花钱不多又能预防大风险，人们就倾向于参与。

你担心的时候，就会感到不舒服。所以人们有充分动机避免痛苦，甚至只是避免痛苦的预期。

保险的原理与此类似，它可以通过有限的成本转化掉不太可能发生的困境。人们购买针对各种罕见灾害的保险，目的是买一种心安。不管可能性多么渺茫，人们都倾向于选择确定性而不是可变的结果，这种自然倾向被称为确定性效应。大部分人都愿意毫无悬念地得到 30 加元，而不愿意有 80% 的机会得到 45 加元，20% 的机会一无所有。但是，算起来第二种选择收益更高，而且从统计数字上看也产出更高（45 × 0.8=36）。如果你没有偏见，就应该选择第二种。

如果能把可能的结果转化成确定的结果，你可能会感觉更舒服。即使你希望通过等待确定结果来获得更高的回报，但是因为惧怕后悔，你可能也不会等待确定结果。如果事情没有像预期的那样发展，一想到懊悔的痛苦，你可能就会早早做好准备。这就是为什么法庭上的原告宁愿接受较少的赔偿而和解，也不愿在法律诉讼中冒险的原因。一鸟在手，胜过两鸟在林。

创造确定性（它在不稳定的情况下能让人平静下来）能消除负面情绪，而且一般只需要有限的经济成本。创造可能性（它在不存在的情况下能令人兴奋）似乎会凭空产生积极的感觉，但也要付出代价。这些都是经常会侵蚀财富的强大动机。你从这个角度考虑问题时，可能会对自己到底要锁定确定性还是押注可能性的决策分析得更加客观。你可能还想停下来思考一下，你所追求的情绪是否值得付出代价。

即使发生风险的可能性很小，为了保持财务安全，你还是应该做出明智的决定，给重大经济风险投保。但是，如果你花更多的钱去度假是为了避免失望（损失），或者通过减少赔偿去解决法庭案件，你要确保自己是心甘情愿花钱的，以避免负面情绪。负面情绪只是感觉，为之花钱也许值，也许不值。

赌资效应和盈亏平衡效应：刚刚发生了什么

> 为了弥补损失，即使你想要低风险，也可能会加倍下注。

令人生畏的主管在赌桌后面用绳子围起来的区域里踱来踱去，密切注视着玩家。轮盘赌的轮子转得飞快。而且，游戏区上方的灯箱显示了最后 8 个中奖的轮盘号码，以吸引赌场的玩家来试运气。考虑到我们一般会在还没有规律的情况下找规律（前面讨论过的赌徒谬误），这一系列的数字能说服玩家，让他们认为自己的实际赔率可能会好过那些在桌子上欢呼的人。

在轮盘赌中，玩家赌的是从双零到 36 之间的数字、行数，或者 1~18 或 19~36 之间的数字。他们还可以选择数字方块的颜色（红色或黑色），或者打赌获胜的数字是奇数还是偶数。当然，最不可能的赌博往往会带来最高的回报。如果球落在与你下注的方块对应的数字上，你就会获得惊人的 35 倍奖金。10 加元变成 350 加元，500 加元变成了 17 500 加元。这都是不错的成绩。

赢的可能性越大，奖金就越低。例如，如果你猜对了颜色，或者中奖号码是奇数还是偶数，你只会赢得 2 倍于你下注的钱。钱翻倍的可能性越高，下的赌注看似越值得。

尽管在轮盘赌中获胜的机会很小，但这种游戏的受欢迎程度表明 35 倍的回报足以让玩家在输了多次之后仍然不离赌桌。赌场可不蠢，在轮盘上加入一个零或两个零，能确保赔率完全对赌场有利。

试想一下，如果赌了一天之后，你赢了。这种情况下，你可能会觉得你赢的都是赌场的钱，你未必能留住这笔钱。无论是赌博还是投资，如果能快速轻松地获利，人们就会倾向于把收益保存在一个单独的心理账户中。因此，如果后来失去了这笔钱，人们也不会像失去了原始资本那样感到沮丧。但二者都是一样的钱。

这说明你把自己的钱和你赢的钱分开了，这就是赌资效应。赌徒和投资者通常会在心理账户中将初始资本和利润区分开，并且以不同的方式对待这些资金，他们会认为快速得来的利润不那么重要，即使失去也无所谓。

赌资效应与钱是可互换的这一事实之间有一种奇怪的割裂。用别人的钱赌博或投机要容易得多，因为你会觉得没失去什么，就能得到很多，但是用自己的钱做同样的事就会觉得不正常。错误地认为任何利润都不是赚来的或不属于自己，这种想法让人更容易接受不必要的或不适当的风险。

想象一下，你正面临一场竞争，要在虚拟的在线交易账户中选择交易所交易基金（ETF），如果能选出 6 个月内增长最快的交易所交易基金，就会获得奖励，你自然会做出最有上行机会的、最激进的选择，而不会顾虑风险，因为这里投入的不是真钱，哪怕投资降至零，你也不会有什么损失。模拟的交易账户不会提供真正意义上的投资，投资者几乎不担心损失，因为他们根本就没投钱。出于同样的原因，在从投资或赌注中快速获得回报后，投资者很可能会做出那种正常情况下不会做的冒险举动。

你接受风险的意愿也会因损失而改变。如果你在一项投资上赔了钱，自然就会越来越不愿意进行额外的投资，即使这个机会与损失无关。输了之后，赌徒们同样会想要减少赌注，尽管赔率并没有改变。

但是有一个值得注意的例外，那就是当你有机会挽回损失的时候，你太想盈亏平衡了，甚至不惜承担比通常接受程度更高的风险。如果你听过"要么加倍，要么一无所有"这个说法，应该就已经看到了这种偏见的作用。如果输掉了一次赌博，你就会非常想让钱翻倍，以重获原有赌注。

还会有人劝你持有一项已经失去价值的投资，其目的是挽回损失的钱，而不是在新的投资计划中寻求利润。即使另一种投资选择有更好的前景，你还是倾向于选择旧的投资而不是新的投资。重新开始似乎重置了收益和损失的起点，新投资的任何损失都会被视为第二次失败，而不是第一次失败的一部分。犯一个错误总比犯两个好，不管损失多少。

虽然这些效应很容易通过赌博或股票交易中的输赢来说明，但在其他场景中，你要考虑自己的直觉。想象一下，如果你的养老金储蓄账户 12 月份缩水 1.7 万加元，你会有什么感觉。到了 1 月份，你还愿意在该计划中投入更多的钱吗？但是，如果前一年的投资价值增加了，这时候投入更多的钱就会让你感觉很舒服。价值的上升让你确信自己做出了正确的投资决定。

　　具有讽刺意味的是，较低的股价和交易所交易基金单位成本让你能够买更多的股票。可是，如果遇到投资下跌，人们在感性判断上一定不会购买。本能的感觉让你无法为自己的长期投资目标做出谨慎决定。遇到价格下跌，你会停下来，想一想是否要增加更多资金，或是保持观望等待反弹迹象。但是，如果计划周全，那么最低价时恰恰是你用同样数量的资金购入更多股份或单位的最佳机会，只是在情感上很难执行。

　　有时价格下跌表明一项投资的恶化。在这种情况下，评估投资策略是个好办法。如果这种方法不再符合你的价值观，或者投资的质量发生了变化，那么采取另一种方法可能是更好的途径。然而，如果因为价格变化而出售投资项目，或者不再愿意投入更多，你很可能犯了错误。

　　赌资效应和保本效应阐明了输赢会如何暂时改变你对风险的看法。理想情况下，你的风险偏好应该保持相对稳定。可最近的经历会促使你接受非同寻常的高风险。如果最近一次交易很成功，你就会愿意进行新的投资。只有你的收益受到威胁，或者初始投资很安全、不需考虑的时候，你才会更愿意接受风险。另外，如果有机会挽回之前的损失，接受高风险也很有诱惑力。

　　为了更好地避免你的风险偏好由于赌资效应和盈亏平衡效应的影响而发生暂时的变化，你要确定自己的风险承受能力和经受损失的能力，并把这些重要的指导方针用文字记录下来。这是一个刷新和调整投资决策的好方法。本书后面的内容会介绍一些工具来帮助你有效地做到这一点。

处置效应：锁定利润的最差时机

> 卖出挣钱的股票而持有赔钱的股票是常见的投资方式。

你决定出售某只股票，可能认为这家公司未来的表现会很差。不然你为什么要卖掉它？可是，有时候投资者抛售股票的原因与公司的前景毫无关系。

你在审视自己的投资组合时，自然会对上涨的证券感觉良好。事实上，你可能还想卖掉那些表现良好的股票，认为这是获得收益的好办法。毕竟，"低买高卖"这个说法就告诉你要这样做。但事实上，出售一项投资项目的唯一理由应该是你认为它会贬值、该投资不再合适，或者另一项投资有更好的前景，而不是获得了收益和随之而来的好心情。

承认投资决策错误或出售已经失去价值的证券显然是令人不快的。为了弥补损失带来的痛苦，你可能会设法持有下跌的证券，希望它反弹，而不是及时止损并选择有更好预期的投资。一般来说，卖掉良好的投资、保留糟糕的投资的动力是因为你更喜欢对自己的收益感到满意，并且想避免承认损失带来的痛苦。

　　卖出利润以锁定收益是处置效应的一种表现。讽刺的是，能升值的投资更有可能保持良好的表现，而糟糕的投资，就是你想保留的那些，往往会继续下跌。平均而言，挣钱的股票带来的回报往往比赔钱股票的未来回报更高。

　　即使从纳税的角度来看，你也没有卖出收益股票的动机。事实上，情况正好相反。卖掉上涨的股票就意味着你将面临惩罚性的征税。一旦售出，你就要支付资本利得税。持有股票时间越长，你就越晚支付利得税。

　　只要有可能，减少或推迟纳税是一种谨慎的策略。可我们还是更可能卖出价值上涨的股票，而不是下跌的股票。这种强烈的倾向，是个人投资者交易行为中处置效应的最有力的证据。

　　当然，你有理由为这些决策辩护。你可能想给表现落后的股票一个机会，让它们重新获得之前的价值。这是一种与锚定效应和盈亏平衡效应相关的偏见。而且，在接下来的章节中你会看到，损失厌恶也是一种让人难以抗拒的动力，它会让你继续持有下跌的投资。如果卖出价值下跌的股票，你就蒙受了损失。可是，资本损失通常会抵消其他资本收益。你甚至会把资本损失转到未来，去抵消其他投资的收益。

　　此外，你还可以通过出售不再适合的、表现不佳的投资来获益，因为这样你就可以将资金再投资于更好的机会。

　　不可否认，出于对未来利润和纳税支出的预期，仅为了锁定获利而出售上涨的股票是违反直觉的。这个选择有一定的复杂性，人们常说的"利润至上"正说明了这一错误的共性。

尽管证据充分，可这种本能的行为还是很容易理解的。简单地说，你可能会做出让自己感觉良好的决定，而避开那些不舒服的决定。可是，在考虑改变投资策略的时候，谨慎的做法通常是先卖掉亏损的股票。它们能让你享受到最优惠的税费，而且往往是改善投资组合前景的最佳机会。

你花多少钱投资并不重要。如果它不再符合你的目标或前景不佳，你就应该卖掉它。无论获得的资本收益多么诱人，你永远不要出售那些前景持续乐观的优质投资。

损失厌恶与错误的风险控制：加注

> 宁愿增加风险也要挽回损失，这是为了减轻痛苦。

你之所以决定接受更高风险，不完全是因为赌资效应和保本效应。人在面临经济损失时，风险承受能力会发生巨大变化。如果你决定留下一个下跌的投资，这在当时看来似乎完全合乎逻辑，但它往往是违反直觉的，是受隐性的内在影响驱动的。避免因遭受损失而引起的忧虑是一个强大的动机，它可以在不经你同意的情况下就强行控制你的决策。

投资增长之后，愿意接受更多风险是可以理解的。赌资效应在其中发挥了作用。你想确认自己做出了谨慎的财务选择，这种愿望也会发挥作用。此外，由于近因效应，你可能会认为当前的增长环境将占上风。早期投资的成功为继续投资提供了令人信服的理由。

然而，讽刺的是，你在面对必然的损失时，也会倾向于增加风险。一些投资者甚至怀有一种错觉，认为如果他们在股票下跌时不卖出，就不会损失任何东西。他们不顾股价下跌，也不处理损失带来的负面情绪，却把注意力转移到股票数量上——股票数量没变，而不是市场价值上，让自己相信股价可以恢复到以前的价值。当投资因质量变差而价值下降时，这就是一个危险的局面。赔钱卖出是一种降低风险的谨慎策略，但你的偏见可能会说服你继续持有高风险股票，甚至在一种被称为向下摊平 [1] 的策略中买入更多。

赔钱卖出以降低风险在情感上是令人不快的，即使对厌恶风险的投资者来说也是如此。损失厌恶迫使你坚持持有亏损的投资，即使这样会增加风险，也不再合适。你希望自己的投资可以重新回到以前的价值。在这个过程中，风险会增加。

几年前，一位会计师推荐客户购买加拿大的可抵税流转股票

---

[1]　指投资者在买进股票后，由于股价下跌，手中持股出现亏本状态，当股价跌落一段时间之后，投资人以低价再买进一些此股票以便匀低成本。——编者注

来以减免所得税。这位会计师给出这个建议是为了帮助客户减少2.7 万加元的税，认为这是该客户即将面临的财务损失。

某些加拿大矿业和资源公司有资格从勘探和开发成本中获得税收优惠。这些公司可以将税收抵免传递给购买其股票的投资者。由于对这些公司的投资具有高度的投机性，他们利用税收抵免来吸引投资者。很多时候，减税的数额非常大，以至于投资者几乎可以从他们的应纳税收入中扣除购入该公司股票的全部成本。

有个客户想免掉全部税单。他认为交税是一个令人不快的损失，于是想用可行的策略来免掉税款。他和他的会计师都相信，可抵税流转股票的税收抵免优惠是个机会。

鉴于他的收入超过了 20 万加元，边际税率约为 50%，因此他每多挣 1 加元，就要把其中一半汇入政府的金库。所以，为了免除 2.7 万加元的税单，他必须买 5.4 万加元的可抵税流转股。

投机不适合胆小的人。通常情况下，可抵税流转股的市值预计会下降。但是考虑到节省交税这一点，该方案的总体还是划算的。另外，这些投资也会很快被解除。

在这个产品上投资 5.4 万加元就足够享受税收抵免，从而消除税收欠款，他们很愿意这么做。但现实是，他们为了省 2.7 万加元，拿 5.4 万加元冒险。在管理可抵税投资资金的过程中，投资组合经理会购买一系列投资，目的是通过投资几个公司来降低单个公司的破产风险。尽管如此，这些投机性投资还是非常不安全的，并且有永久失去本金的风险。

　　知道向加拿大税务局（CRA）缴税会带来损失，这时候即使是保守的投资者也会铤而走险。这很正常，前文论证过这一点。前面提到的那位客户解释说他是一个谨慎的投资者，这就是为什么在这种情况下他首先想到的是如何免税。但是由于损失厌恶，他不愿接受损失并缴纳税款，而宁愿拿两倍的资金去冒险。

　　如果你是一个天生的冒险家，你的税率又很高，有时采取冒险的税务策略在一定限度内是合适的。如果你厌恶风险，最好不要拿额外的资产冒险，这样在受到某些事件的影响时，你就不至于不舒服。当你面临未实现损失时，为了弥补损失，你可能会冒更大风险。不过，这时候你要问问自己，你的目标是增加风险还是控制风险。现有的损失通常会小于你为了挽回损失而下的赌注。

第三章

希望自己正确

过度自信：不可能每个人都高于平均水平

> 过度自信不能代替高质量的工作。

提起开车，大多数司机认为自己高于平均水平。我们也倾向于认为我们比街上的普通人更和蔼可亲。我们会觉得自己比大多数人有幽默感。然而，从数学上讲，人人都高于平均水平是不可能的。

人们也倾向于低估自己完成某项任务所需的时间，但不会低估别人完成该任务所需的时间。

我们倾向于相信自己是独一无二的，相信自己的个人情况不代表平均值。然而，平均值就是根据每个独特的个体算出来的。请看下面这个关于重病有限存活率统计的例子。

医生把改变人生的重病诊断告知患者是至关重要的。得知噩耗时，患者因为情绪激动不太可能记住全部信息，这些信息有时很复杂。医生们经常提醒病人，还有很多未知的东西。这样说符合人的正常倾向，即倾向于相信自己可以战胜出现消极结果的概率。我们把希望凌驾于数学之上。

框架①也很重要。告知诊断结果时医生可以说：这种癌的患

———————————

① 心理学中把描述问题的方式叫作框架。——译者注

者有 84% 在 5 年内死亡。然而，医生也可以说：多达 16% 的患者生存期超过了 5 年。第二种说法给了患者希望。无论用哪种说法，患者的死亡风险是相同的，但第二种说法重新安排了事实，更符合我们大脑的自然倾向。大多数患者会认为自己很可能属于那 16% 的幸存者。据统计，患者普遍认为自己的概率好于平均值。这种信念也让患者有了一种可以影响结果的感觉。

你可能是独一无二的，但别人也一样可能。平均值是所有独一无二情况的平均值。人们都倾向于高估自己的能力，低估自己的风险，夸大自己的掌控能力。这都是正常的。

你还会将正确的决策归因于你的技能，而将糟糕的选择归因于运气或环境。一般来说，你会对自己的能力和前景抱有不切实际的乐观看法。过度自信是一种超出自己能力的自信，是一种相信自己比实际情况更好的信念。过度自信在我们生活的方方面面无处不在地发挥着作用，包括在投资、谈判以及其他财务决策中发挥的作用。

证券交易所中发生的交易数量是惊人的。每一笔交易都意味着某个投资者认为买入是最好的决定，而另一个投资者则持相反的观点。你不打算持有的东西，为什么我会愿意买入呢？

就像对自己的驾驶能力过度自信一样，交易者必定相信自己买入或卖出的理由比另一方的更好。过度交易最明显的原因是过度自信，买卖双方都相信自己是正确的。

2020 年春天，加拿大的优先股价格与全球大多数金融证券一起暴跌，当时新冠疫情打击了投资者的信心，他们预计居家令将对经济造成破坏。通常情况下，优先股的价格与现行利率以及发行公司的信用质量挂钩。对于财务稳定性较好的公司，投资者通常愿意为其优先股支付更高的价格。此外，随着利率的上升，这种证券的价格也会上涨，因为其股息是基于现行利率的。

由于居家对经济造成影响，人们普遍预计：为了在新冠疫情造成的经济衰退期间刺激经济，央行将降低隔夜利率。恐慌促使投资者抛售各种证券，偏爱现金的安全。这些原因促使优先股的价格跌到了令人震惊的低价，远低于每股 25 美元的发行价。

由于股价下跌，有的优质投资向投资者支付了接近股价 10% 的固定股息。下定决心购入是一回事，但找到大量可买的股票是另一回事，因为与大型公开交易股票的高可及性相比，市场上的优先股很少。因此，大额订单由指定的交易台直接管理，该交易台通过搜索各种公开市场、暗池和机构关系来填补每个订单。

曾经，在我发出了一个这类订单后，交易台给我打来电话。某机构客户要出售持有的大量优先股，这正是我有意为我的客户作为投资组合买入的股票。交易台问我是否愿意买入对方要出售的全部股票，我犹豫了。

我花了几个小时研究这笔交易，验证我的投资决定。当我意识到别人想要大量抛售我想买的东西时，我的信心突然不足了，内心有些焦虑。我必须考虑我是否做了足够的研究、我的偏见是否影响了我的决定，或者我是否错了。

除了带有偏见的推理，还有很多买入或卖出投资的理由。卖出某些股票也不一定意味着这些股票很糟糕。例如，投资者可能出于税收原因想要利用资本损失，或者出于战术原因转投另一种资产。投资者可能正面临追加保证金的要求，为的是覆盖以下跌证券为抵押的贷款。不顾未来前景而出售投资，有时候有其正当理由。

我镇定下来，开始评估我的投资选择过程和购买这些股票的理由。最终，我确认了这个决定，并给出理由：也许这些人卖出该优先股是为了筹集资金以达到某个上述目的。我想，他们之所以卖出这些优先股，不一定是因为该股票不好。不管怎样，我是交易的一方，他们是另一方。我们都不知道对方为什么要做这笔交易。双方都坚定地相信这是一个明智的投资决策。

过度自信是指你对自己能力的判断超出了你的实际技能，这可能导致投资犯错，例如，有时候你对一笔交易感觉良好，但实际上你本应该花更多时间斟酌。

做出投资决策的能力是很重要的。无论对于管理自己投资组合的投资者来说，还是对于影响他人财富的投资专业人士和分析师来说，了解市场都是一项关键技能。与我们对驾驶技能的自我评估类似，大多数投资专业人士认为，与同行相比，自己拥有高于平均水平的分析能力。然而，不是每个人都能高于平均水平。精明的投资者和投资专业人士都倾向于高估自己了解市场状况并做出投资决策的能力。简而言之，过度自信很常见，而且会对投资决策造成严重破坏。具有讽刺意味的是，我们越是过度自信，就越不相信过度自信对我们的影响。

过度自信的证据来自一种虚假的控制错觉，包括对于自己多久能完成某项任务的欺骗性信念，甚至也包括对于有利事件发生概率的高估。恐惧有助于放缓投资决策过程，让你有更多理由来检查你做选择的依据。

花点时间将结构化决策过程运用于所有财务决策，包括投资、合同和其他经济健康的重要方面。急于开始一个项目或对自己的能力过度自信都会导致令人遗憾的判断错误。接下来的章节我将会介绍一些可以应用于财务选择的方法，从而助你减少过度自信对你做决策的影响。

后见之明偏见令人信服：我早就知道

迹象如此明显，以至于我们觉得自己早该知道会这样，但其实我们无法知道。

你是否曾经发现自己在喃喃自语："我早就知道会这样！"

"后见之明"这个词指的是在某件事发生后觉得自己本应该预测到。事后知道的感觉让你产生一种错觉，觉得自己当时要是掌握了全部事实，本可以预测到此事。回想起来，我们很容易发现那些本可以揭示未来的细节。我们会想，如果当时注意到这些线索就好了。然而，实际情况是，根据你所掌握的信息，你已经做出了你能做的最佳决策。

大都会人寿保险公司（Met Life Inc., MET）是美国一家大型保险公司。2018 年 1 月，该公司推迟发布财报，令投资者感到意外。如果这还不足以预示要出问题的话，该公司又发现了一个核算错误。大都会保险公司预计将需要拨出 5 亿美元来弥补这个错误。路孚特的数据显示，该公司股价立即下跌了 10%。那天晚些时候，我打电话给一位持有该公司股票的朋友。她接电话时，我能听出她很难过。她责备自己没有在几天前卖掉这些股票，尤其是因为几天前她还考虑过那样做。

想到自己本可以预料到事态的发展会让你陷入痛苦之中。相信自己本该避免损失或者本该从消息中获利的想法总是让人感到后悔，即使无论怎样都于事无补了，你还是感到痛心。

作为投资者，我的这位朋友后悔没有在大都会保险公司股价下跌前卖出这些股票。虽然她不可能预料到关于核算错误的消息，但她责备自己没有在公告发布之前因其他理由抛掉这些股票。不管怎样，她对自己没采取行动导致的损失感到失望。如果大都会保险公司没有发布公告、股价保持不变，她没采取行动就不会引起任何波澜了。

她不仅受到后见之明偏见的影响，还受到了其他因素的影响。她没有提前卖出这些股票，因为这些股票的交易价格低于她的买入价格。她的买入价是她的锚定值，她不想让损失成为现实，这又体现了损失厌恶效应。她的理由是，她买入该股票时交易价格较高，因此该股票还会回到那个价格，但她没有任何关于该公司财务前景的事实证据。本质上讲，她希望股价能够回升，这样她就可以免受损失。她看不出当时大都会人寿保险公司的股票交易价格已经是合理的了，但她的偏见使她没能在几天前卖出这些股票。

我过去有个客户常常把牛市期间的股票获利说成是自己的功劳，却将损失归咎于外部力量。他经常说自己从不在市场下跌时交易股票，宣称："我只是坐着等它过去。"这种思维使他保持了一种观点，即资本增长是他的功劳，但市场下跌不是他的错。这帮助他控制了损失带来的焦虑以及损失厌恶和事后偏见带来的痛苦。

某个事件发生后，觉得自己本可以预测到该事件的发生，这是很自然的后见之明倾向，也被称为"我早就知道效应"。我们认为自己本可以预见到过去发生的事。我们也倾向于相信自己能够以同样的准确度预测未来。很多时候，这种"后见之明"会导致过度自信。当我们高估自己的知识或能力而低估风险时，我们就会产生虚无的控制妄想。

赔了钱谁都不舒服，没有人喜欢这种不愉快的感觉。与之矛盾的是，后见之明偏见会让你因为无法预料的损失折磨自己。

这种对环境的控制感有助于我们生存，这一点很容易理解。生活中的许多事情都是随机的，这个冷酷的现实在失去控制感的情况下会让我们永远处于恐惧之中。无论如何，接受这样一个事实，即市场事件在发生之前是不为人知的，这样想我们的心情就会好起来。消息一出，股价反应速度如此之快，以至于你无法在价格下跌之前卖出投资，因为没有哪个思维敏捷的投资者会以你想要卖出的价格买入，因为他也听说了这条消息。

虽然损失是痛苦的，但不要犹豫，处理掉那些不再合适的投资，不管你买入的价格是多少。尽快摆脱那些无益的后悔情绪，每天都有大量的机会出现，肯定有让你增加财富的更好选择，这总比你坚持持有一项糟糕的投资强。

认知失调：反正葡萄是酸的

> 你可能会欺骗自己，即使错了也要为自己的行动辩护。

在伊索的著名寓言故事中，一只狐狸看到了一些非常诱人的葡萄。他意识到自己够不到那根藤，于是在没尝到一粒葡萄的情况下就断定这些葡萄一点也不好吃。相反，他够得到另一根藤上低垂的葡萄，于是他相信这些葡萄的味道就是最好的。

这个故事证明：为了减少行动与信念之间的认知失调，我们会改变自己的信念。你可能一开始认为你的行动符合你的决策，然而，情况往往相反。你会经常调整自己的观点和态度，这样才能对自己的行动感觉良好。

20 世纪中叶，利昂·费斯廷格（Leon Festinger）经过一些实验提出了认知失调理论。在实验中，参与者为了证明自己行动正确而改变了对形势的看法。他发现，人们宁愿改变自己的观点也不愿因行动违背了自己的思维模式而感到不舒服。

在他的一项实验中，参与者完成了一项单调的任务。然后他要求他们向一组招募来的新人解释这项无聊的任务，随机支付给他们 20 美元或 1 美元作为说服新人参与该任务的酬劳。

你可能认为，得到 20 美元的参与者会更有理由欺骗新人，他们被更高的报酬激励着撒谎。同样显而易见的是，那些只得到 1 美元报酬的人应该会诚实地说出该任务有多乏味。1 美元很难成为就该任务的性质撒谎的动机。为了赚取如此微薄的报酬而招募新人已经很不值了，如果还要撒谎骗人的话岂不是更不值得了。

具有讽刺意味的是，事实恰恰相反。那些只得到一美元的参与者反而觉得有必要改变他们对任务的看法。他们开始相信这个任务并不是那么无聊，所以他们应该继续招聘新人。他们改变了想法，为的是避免认知失调，即他们的信念和行动之间的冲突。

认知失调也会影响投资者。如果任何人都能预测到市场下跌，那么没有人会在市场跌到底之前进行投资。也就是说，市场调整是不可预见的事件。

如果你已经说服自己市场很可能调整（你的信念），因而持有现金比投资（你的行动）更合理，那么你可能受到了认知失调的影响。

假设你受这种信念驱使卖掉了投资，你相信自己正在采取谨慎的措施来保护资产免受市场价格下跌的影响，然后，市场果真突然下跌了，你感觉怎么样？毫无疑问，你认为这是理所当然的事。然而，成功预见一个不可预见的事件可能只是凭运气，而不是凭技巧或洞察力。

如果在你持有现金等价物投资时市场大幅上涨，而你没有从中获利，你会怎么想？有一位这种投资者安慰自己说：价格很快就会下跌，到时候再投资不迟。

熊市的衡量标准是股指从最高点到最低点跌幅达到 20%。然而，相对而言，跌幅达到 10% 的市场调整是经常发生的事情。但股市调整经常发生并不意味着下一次调整即将到来。然而，投资者会为自己的决策辩护，这样他们才能对自己的行动感觉更好。这个例子中的行动导致该投资者错失投资利润，似乎他们想要相信自己的决定在某种程度上是正确的，或者在不久的将来会是正确的。

我们都听过预言家给出的即将到来的市场下跌预测或其他投资预测，但最终预测的事情并没有发生。如果随着市场继续上涨，持有低回报现金等价物投资导致回报率令人失望，这时候认知失调可能会发挥作用。虽然编造一个虚假的故事来缓解恐惧可能会让你感觉更好，但这不是一个成功的投资策略。

减少这种情况出现的最佳方法是制定投资策略并坚持这个策略。不可预见的事件就是不可预见的。预测市场走势是有偏见的投资者干的事。

证实偏见：买条船再卖掉

> 花钱时你说服自己去买，然后又说服自己卖掉。

科学方法旨在找到不一致的证据来挑战我们的信念。如果你找不到一种方法来反驳一件事，那么它很可能是真实的。然而，证实偏见是一种与科学方法相反的自然倾向。你会倾向于寻找、偏爱、回忆那些支持自己观点的信息，而不愿挑战自己的观点。人们自然倾向于依赖证实过程，而不是尝试质疑自己的信念。这种偏见占了主导地位，所以你会自然地倾向于忽视与你的观点相反的信息。

做对的感觉比做错的感觉好。所以，你会更喜欢找理由来支持自己所做的选择，而不是花时间和精力去质疑这些选择。但这样就能确保自己做出了正确决策吗？还是只不过是为了让自己对已经做出的决策感到安心呢？

考虑一下你的决策方法和决策过程。比如，想象一下，你决定花一大笔钱买一样东西，这笔开销不同寻常，超出了你的计划。你花了多少力气说服自己别买？一旦你已经做出了决定，你就更有可能努力证明该决定的合理性。为了便于讨论，我们假设你正在购买一条船，当然同样的过程也适用于许多其他类型的财务选择。

看船甚至试驾一条船仍然属于买船的安全边际，所以我们很容易认为出去试驾一圈没什么害处。毕竟，这是一个无须承诺就能短暂实现梦想的机会。你甚至可能认为试驾是一个聪明的省钱策略，同时也是一个充分享受生活的策略。

在掌舵时，你把手腕放在舵轮上保持平衡，你的手指毫不费力就能在触摸屏仪表盘上操作。挡风玻璃上方吹来的气流把太阳镜吹得紧贴着你的脸，把你的头发吹散，在你身后随风飘舞。良好的试驾体验肯定会支持你买下这条船。

你从船长的座椅上坐起来，转过身，看着船体激起的浪花，脸上露出满意的笑容。与你同行的朋友和家人向你致意，他们全都对你竖起大拇指，都对你微笑，每个人都承诺每个周末都会和你一起度过，一起冲浪、滑雪、漂流，大家的举动进一步证实了买艘船是一个好主意，你已经在憧憬美好的未来了。

买条船会让你获得很多乐趣，可能会改变你的生活。你决定把这些年称作有船之年。

一旦做出买船的决定，剩下的就是批准这个决定了。未来家庭生活的改善清单已经在你的脑海中起草好了。你明智地为装备、系泊、折旧、保险等固定支出制定了预算，并分摊到拥有这条船的未来 10 年或更长时间中。你盘算着从娱乐预算中分出点钱，这样在你度假的心理账户内就有了买船的钱。汽油和维护等可变成本也在可承受范围内。你真心相信，夏季乘船出游的乐趣会取代其他消遣，几年不去滑雪似乎也没什么。你会说，有变化是好事，而且你从来就不喜欢寒冷的天气。你所有的论据都支持你的决定，你最终买下了这条崭新的船，配有压舱物、触摸屏和高端音响。

然后，在接下来的季节里，每当阳光明媚的周末，如果船在湖中或干船坞里停着，你就感到有点难受。很多情况下是因为天气不配合，或者家人朋友有其他计划。你甚至承认，其他娱乐开销并没有如你想象的那样迅速停止。然后你突然有了另一个主意。

如果你现在把船卖掉，你就能还清买船的贷款了。这个冬天你就可以去滑雪了，就可以开启你一直想去的旅行了。此外，孩子们现在长大了，他们有了其他的兴趣。这些都是卖掉这艘船的正当理由。

要是你在花钱买船之前就能考虑到这些不利因素就好了。证实偏见解释了为什么船主一生中最快乐的两天是买船那天和卖船那天。

20 世纪 60 年代，认知心理学家彼得·卡斯卡特·沃森（Peter Cathcart Wason）进行了一项被称为"沃森规则发现任务"的实验。老师用加、减、乘、除四种运算想出一个简单的数学规则。然后，学生们开始通过给出一系列结果来推断该规则是什么，直到他们确信自己理解了这个规则。

例如，学生可能会问 10–20–30 是否符合老师的规则，这是他们认为可能符合规则的一组数字。如果学生认为该规则可能是按 10 来计数，他们可以提出一组数字向教师求证其是否符合规则，以增加信心。一旦学生认为自己能成功推断出规则是什么，他们就公开自己的结论。

学生给出的第二组数字几乎总是试图证实自己的猜测。在这个例子中，学生可能会考虑给出 60–70–80 或其他以 10 为单位增加的数字组合。事实上，没有人尝试给出一组数字以证明自己猜测的规则是无效的。人们倾向于认为证明自己猜测错误是浪费时间。我们已经在解决方案上取得进展时，为什么还要从头开始测试一个新规则呢？

然而，核准一项解决方案的最快方法是尝试证明该方案无效。当你无法反驳一个结论时，该结论更有可能是正确的。然而，我们不喜欢这样做，因为否定我们已经相信的东西会让我们感到不舒服，我们更喜欢避免负面情绪。不管这种感觉有多不舒服，如果你花时间通过重构论据或列出相反论据来批判你的信念，你的财务决策将会得到更好的测试。

无论是买船还是买房子，也无论是选择特定的投资专业人士还是将资产配置到特定的策略中，你都可以轻易说服自己接受或放弃某个决定。证实偏见让你寻找事实支持自己的观点，从而干扰了正确决策，此时把对立的观点考虑在内可能更有价值。

如果你相信某项投资决策能让你获利，你就会自然地倾向于注意有利的细节，甚至忽略相反的事实。这样做的危险在于，你会错过避免交易的重要理由，而且可能会错过其他选择。在这种情况下，校正你的观点并做出更好选择的一个好方法是创建一个利弊列表。当然，你要把精力集中在弊端上。

试着写出两倍于支持性理由的反对性理由。这是一个有挑战性的任务。毕竟，由于存在证实偏见，你可能有一长串的理由来证实自己的选择是正确的。

可得性偏见、近因效应与房地产：房价真的总是在上涨吗

> 你的记忆对接下来发生的事情起着重要的作用。

英国地产大亨哈罗德·塞缪尔勋爵（Lord Harold Samuel）不是第三帝国[①]灭亡后唯一从事勘测工作的人，但他有着独到的眼光。第二次世界大战的空袭损毁了英国50多万所房屋。英国政府原本只打算建设少量房屋来取代那些在战争中倒塌的房屋，但塞缪尔勋爵认为重新开发整个被炸区域是个好主意。他是对的。

塞缪尔获得了成功，很快成了一名房地产大亨并最终创造了那句名言："地段，地段，地段。"这句话现在被认为是房地产行业久经考验的真理。虽然供求关系是商品价格的驱动因素，但塞缪尔证明了房地产是一种特殊商品。土地是不动的，不像别的商品那样用大小、质量和风格来确定价格。通过开发废弃的被炸区域，他证明了只要地段足够理想，房地产的所有其他属性几乎都可以改变。

标准普尔（S&P）和凯斯－席勒（Case-Shiller）发布的美国全国房价指数（US national home price index）显示，从1999年1

---

① 指希特勒统治下的纳粹德国。——译者注

月到 2022 年 1 月，美国房价上涨了 200% 以上。同样在这段时间里，特拉网（TeraNet）公司和国家银行发布的房价指数显示，加拿大房价上涨了 300% 以上。值得注意的是，这里的房价上涨不包括租金收入，也没有考虑大多数家庭通过抵押贷款杠杆来购房这一事实。这一时期只要把一部分钱投资于任何房产项目，大家都获得了高额投资回报。难怪房地产投资者坚定地看好房地产的前景。

近因效应和可得性偏见把你的注意力转移到最近发生的事情上。我们得出观点和做决策时自然侧重于更容易回忆的信息，认为这些信息更相关。可得性偏见是一种心理捷径，该捷径依赖于最容易记起的例子。该捷径是最有效率的选择方法，但它自然地忽略了其他不太容易检索的记忆和数据。

人们依靠自己的经验来形成观点，并依据当前数据来更新观点，这并不奇怪。否则的话，你还能依据什么呢？例如，一个在加拿大草原公路上开了 30 年卡车的司机谈论起加拿大一月份天气状况来就得心应手。几十年来，他目睹了甚至亲身经历了加拿大天气，天气曾威胁到他的安全。假设一位司机即将开始的旅行要经过萨斯喀彻温省的里贾纳市（Regina, Saskatchewan）或明尼苏达州的德卢斯市（Duluth, Minnesota），由于最近几年的天气状况比较温和，这位司机可能会倾向于相信这次旅行将与去年的经历相似，而不会考虑长期的普遍情况。他甚至可能记得开车穿过该地区的某次经历以及他沿途所做的停留。这些回忆无疑会影响他的行为。他甚至可能决定不去查看天气预报，或者更糟的是，他可能没有为经常出现的极端低温和极差驾驶条件做充足的准备。

利率下降时，债券、房地产以及其他利率敏感型投资会涨价。它们与利息变化成反比。之所以房地产对利率有反应，是因为大多数人必须贷款买房。当借贷成本下降时，价格高的房产变得更容易买得起，需求的增加推高了房价。

20 世纪 70 年代末，为了抑制急剧上升的生活成本，加拿大政府大幅上调利率。根据加拿大银行和美联储的数据，1982 年美国联邦基金利率和加拿大银行利率最高时都接近 20%，此后一直在稳步下降。直到这个利率高峰结束，加拿大的债券的回报率才最终超过了通胀率。利率敏感型投资在利率下降时表现最好。

20 世纪 80 年代初，利率达到了峰值，从那以后债券和房地产的回报率都远高于预期的平均长期回报率，甚至到了最近几年，房地产投资者还享受到了前所未有的回报。2018 年春季，温哥华内陆地区的房地产价格在过去 5 年中上涨了近 85%，而大多伦多地区（Metro Toronto）的房地产价格上涨了近 65%。

1988 年和 2003 年，凯斯－席勒房地产指数的创始人卡尔·凯斯（Karl Case）和罗伯特·席勒（Robert Shiller）研究了当时美国的房价升值事件。在他们的调查中，美国主要城市的人们都认为房地产价格将长期上涨。洛杉矶、旧金山、波士顿、密尔沃基等城市的市民预测未来 10 年房地产价格将以每年 11.7% 至 15.7% 的速度增长。如按 11.7% 的涨幅计算，美国的房价将在 10 年涨到原来的 3 倍。这样的预期与他们最近的经历是一致的。可得性偏见和近因效应导致人们预期近期发生的大涨会重演，而不会预见到房地产涨幅会回归长期趋势。然而，有一点很重要，需要注意：房地产的价格上涨并不总是如此剧烈。虽然盛行的状况可以持续很长一段时间，但趋势通常是恢复到更长时间的总体平均值。在过去的 100 年里，美国的住房和土地价格涨幅只跑赢通货膨胀 0.5 个百分点。

社会变革和技术进步对长期经济趋势造成结构性影响。例如，2020 年的新冠疫情迫使企业和员工采用视频会议和远程办公，这出人意料地改变了经济。从那以后，这种办公模式被永久采用，从而改变了商业地产的使用。

房地产使用的一次最普遍转型已在酝酿之中，即将到来。未来几年，自动驾驶电动汽车和即将发生的交通即服务（TaaS）革命将不可逆转地改变住宅和商业地产的使用。

随着电动汽车基础设施的不断发展和自动驾驶技术的广泛采用，无人驾驶共享汽车将使私家车成为奢侈品，而不是必需品。人们不必再购买、投保、维护、停泊一辆不断贬值的汽车，也不必再给汽车加油。更实惠的共享汽车预约服务将非常吸引人，个人拥有汽车将变得不太必要，城市中心地段尤为如此。交通即服务将为每个家庭每年节省数千元的开支。

然后，请思考一下这种变革将如何影响房地产。例如，黄金地段的停车场将变得几乎没人用了，你家里的车库也可以改造成别的生活空间了。个人上下班通勤也会更容易，因此是否居住在工作地点附近就不那么重要了。

随着越来越多的人选择在家办公以及自动驾驶电动汽车时代的到来，房地产的使用将不可避免地从主要城市分散到更广泛的地区。在可预见的未来，交通即服务将是影响经济格局的最大技术变革。

房地产通常被认为是一种长期资产，因为房主通常会在他们的房产中居住很多年。购买房产也需要大笔资金，而且房地产交易相对复杂。当房地产需求旺盛、成交迅速时，人们很容易忘记房地产并不总是那么容易卖出的。市场价格下跌时，人们需要花更多时间和精力才能将价格高的资产变现。

此外，房地产价格下跌时，买家很少，因而房产变得缺乏流动性。房地产价格下跌时，房主倾向于等待交易价格低迷期的结束。这是2008年金融危机后出现房荒的部分原因。那些拥有裸地的人不愿降价卖地，开发商也不愿以经济衰退前的价格买地，这就导致住宅建设减少。

凯斯和席勒还发现，在供过于求的情况下，其他市场的价格会自然下跌，但房价具有"黏性"。这不奇怪，因为如果房价很低，房主不会想卖掉他们住的地方，除非特殊原因必须卖。大多数人觉得他们可以等，在经济低迷时期出售房产的人并不多。此外，有关锚定和损失厌恶的研究表明，人们不愿以低于他们最初买房的价格卖房，即使买家出的价在当前市场上是公平的也不愿意卖。

当然也有例外。考虑一下度假小镇的情况。由于降雪不可预测，道路狭窄、易结冰，某小镇的建筑成本很高。加拿大的滑雪山地给建筑商带来了无数的障碍。建筑季节受限，建筑材料运输困难，进出工地受限，建筑地形陡峭，这些因素都增加了建筑商工作的复杂性。这些地区的房价波动很大，因为度假房产是一种奢侈品。财政紧缩期间，人们想减少或消除额外开支时，就会在卖出主要住所前先卖滑雪小屋。

房地产价格并不总是上涨的，但比其他资产更具韧性。根据路孚特的数据，2008 年经济大衰退期间，加拿大房价仅小幅下滑了 5.47%，而 S&P/TSX ® 加拿大股票交易指数则暴跌 31%。存在这种韧性的部分原因在于房地产每年只估值一次。相比之下，股票和交易所交易基金的价格是即时更新的，这会引起我们损失厌恶和后见之明偏见情绪反应。房地产的韧性也得益于我们必须有地方住，因而我们不太倾向于频繁买卖房产——想想每次在退休账户中交易房产时你都必须打包所有物品。

本应压低房地产价格的负面因素却减少了流动性。房价下降时，房地产更难卖出。造成房地产下跌的风险因素包括人口流失，国家法规的变化，工人居家办公能力的永久改变，过度建设，利率上调，新的税收制度，如征收炒房税、空置税，以及短期租金所得税上调。然而，对房地产影响最大的变化将是未来几年交通即服务的发展，以及大城市的房地产转型。

依赖最近取得成功的策略是一种自然倾向，这使得我们更难适应新形势。与锚定的效果类似，一旦我们的工具袋中有了一种对我们很有用的策略，我们就很难再放弃使用它。通常情况下，你更倾向于修改自己的观点，而不是根据新信息做出全盘改变。就房地产而言，如果不能彻底放弃房地产只升不降的信念，我们可能会意外遭受流动性不足的风险。

房地产价格大跌的风险低于易于交易的证券，如股票或债券。然而，当房地产市场不可避免地出现扰动时，投资者将面临流动性恶化。为了防范这种风险，你要确保自己的杠杆在各种情况下都是可控的，尤其是在利率上升的情况下。与目前接近于零的利率相比，利率出现意外的或相对较高的上升，同样是引发流动性不足的首要因素。如果你还不起抵押贷款，又找不到买家，你就会有沉重的经济负担。

近因效应和可得性偏见，以及证实偏见（倾向于寻找数据来支持你已经相信的东西）阻碍了你的客观性。你倾向于依赖那些易于记起的东西，可能会忽略那些与你的假设不符的新信息或者意想不到的信息。这些偏见会削弱你识别意外风险的能力。

为了减少近因效应和可得性偏见的影响，将长期趋势纳入你的预测是有帮助的。这一步可以让你更好地判断当前市场状况是否处于极端水平，以及你的观点是否扭曲。

沉没成本：为什么露营似乎很便宜

> *你花了钱并且不能退款时，你就做出了承诺。*

你以前可能听说过沉没成本。已经花出去的钱是无法收回的，所以你想让买的东西物有所值。如果在你最喜欢的餐厅吃饭要排队一个半小时，你可能决定离开。如果你已经排了一个小时的队，这时候发现还要再等半个小时，你更有可能留下来，因为你已经投入了那么多时间。

游乐园的游乐设施排队有效地利用了我们的沉没成本偏见：在建筑物内外绕圈排队，欺骗性地隐藏一部分队伍，游客就不知道队伍有多长，直到他们花了太长的时间排队，已经无法再放弃。露营也是利用你的沉没成本偏见，使你相信它是一种便宜的度假方式。

作为一种度假方式，露营被认为成本不高，其因经济实惠而广受欢迎。在北美和南美，有很多便宜的或者免费的露营地，让你获得独一无二的体验，但要小心，那些号称免费的度假实际上有可能会让你陷入沉没成本偏见的圈套。

根据美国露营地公司（Kampgrounds of America，简称 KOA）发布的北美露营年度报告，越来越多的露营者表示他们想要进行更多露营活动。随着机票、旅馆、餐饮费用超出年轻夫妇的承受能力，露营越来越受欢迎了。

露营在 80 后、90 后、00 后人群中大行其道，这些人正在塑造露营的新时代。40 岁以下的人群非常重视户外活动，站立式桨板运动居然成了一个重要项目。

用几根铝合金杆子撑起一顶尼龙帐篷，然后扔下一个拉链式保温睡袋，这种简单的度假很迷人。寻找花岗岩石块并把它们围成一个圈，了解哪些树枝适合作为引火物，这简直是一门艺术。体验三脚架、火柴、帐篷桩，人们为了一个共同的目的聚集在一起。

相比之下，为了度假排 45 分钟的安检，最后一刻又换登机口，把一个直径 24 英寸的行李袋塞进一个 18 英寸的舱顶行李箱中，而且又不能压碎里面的东西，这些事都不一定能让人减压。但是让清新的空气填满你的肺，在湖泊里游泳，让你的感官充满活力，这些是酒店空调系统中的循环空气做不到的。

回归自然的感觉是熙熙攘攘的酒店大堂所没有的，那里只有满地的行李箱和灯火通明的商店橱窗。然而，如果去丹布拉金殿

（Golden Temple of Dambulla）①的机票和去野外露营的价格一样，无拘无束的露营者就会放弃露营的烟熏火燎和锡纸晚餐，去埃菲尔铁塔和塞纳河畔享受无尽的咖啡了。看到一次出国旅行的信用卡债务一下子吞噬你的储蓄，比一次只买几件东西的露营要痛苦得多。在木板条储藏室里，一次一件地增加露营用品，是一种更悠闲的消费节奏。

根据美国露营地公司的报告，露营者觉得为在野外露营而放弃移动网络是值得的。互联网时代成长起来的人不知道没有网络的时代是什么样子，但令人震惊的是，这部分人当中有 71% 愿意为了拥抱大自然而放弃他们心爱的科技。

露营之所以吸引人不仅是因为露营本身。你可以想象一下：选择足够偏僻的地方，把装备摆放到贴有标签的塑料箱子中，盖上盖子，享受做攻略和收集装备的快乐。寻找精巧的装备是一种巨大的乐趣，标志着一个粗犷的户外假期。

美国露营地公司的报告称："露营是一种在旅行开始之前就能让人兴奋和快乐的活动。近三分之二的露营者认为做旅行计划是令人愉快的。"说到计划，我们指的是列清单和花钱，但不是一次花完，而是一次花一点：这里买点特价商品，那里买点打折的

---

① 丹布拉金殿是斯里兰卡一座比较典型的石窟式寺庙，坐落在一座石山的斜坡上，1991 年被联合国教科文组织列入《世界遗产名录》。——译者注

户外用具。

把青蛙扔进沸水里，它会立刻跳出来。然而，传说同样是这只青蛙，如果你把它放入冷水中慢慢煮，青蛙会一直待在那里，直到完全被煮熟。缓慢的花钱节奏类似于温水煮青蛙。一个手电筒只要几块钱。一次只买一件买得起的度假用品，要比为一次想去但去不起的旅行而把钱存起来更令人愉快。增加几件露营装备是一件令人满足的事。

获得一个新的露营用品，想象你将如何使用它以及它将如何改善你的整体体验，这些都是令人愉快的事。每增加一种舒适装备，你就感觉又增加了一份快乐，直到你的东西多得无法携带。每个露营者梦想得到的东西之所以有意义只是因为露营者离开了舒适的家。

你早就忘记了买房车的融资，忘记了周日早上在超市的精挑细选，忘记了在购物网站上搜索提升星空下体验的装备。当然，你可以多次使用这些物品，所以这是一种投资、一种沉没成本，是一种少量多次花钱的假节省。一旦钱花出去，东西堆在车库里，就只有继续露营才有意义。

登山设备合作社（Mountain Equipment Co-Op）称，该公司于 1971 年由 6 名登山者在温哥华创立。当时，登山、高山滑雪、徒步旅行和攀岩用品的来源有限。这 6 个人组织投资者开办了一个合作社，就地提供装备，价格略高于批发价。

如今，该公司的收费与其他零售店差别不大。该公司已经改名为 M.E.C. 公司，这个名字听起来更现代。2020 年在新冠疫情引发的经济困境期间该公司被并购，此前它一直是加拿大税务局（CRA）监管下的一个合作社。过去，该合作社引以为傲的是：终身会员的会费始终是最初的 5 加元，从未增加过。考虑到 1971 年以来的通货膨胀，对早期会员来说，相当于今天将近 50 加元的投资。

M.E.C. 的优势在于既迎合了税法，又吸引了主要消费群体。由于通货膨胀，5 加元的价值已经下降了。5 加元买不到以前的东西了，但能让会员保持忠诚。如果收取 50 加元会费，某些顾客会被吓跑。5 加元带来的忠诚度是微乎其微的。但由于这个价格足够低，即使是为了一次购物也可以考虑成为会员。虽然成为会员不妨碍去别的商店购物，但是一旦支付了会员费，我们就与该公司建立了联系。

从 M.E.C. 购物从而获得分红，这种可能性很吸引人。为了有资格获得合作社分红，在年内大量购物或拥有惠顾份额听起来是最好的策略之一。你投资企业才能受益。于是我们就这样做了。有归属的感觉很好。

亚马逊也意识到了这一点，该公司利用臻选（Prime）会员资格吸引我们回来购买露营装备以及卖家提供的各种各样的商品。会员免费送货上门服务也很方便。签约成为会员的好处很多，足够诱人。一旦你支付了年费，你就更有可能在这家在线零售平台上再次购物。既然你已经付钱了，那你也可以付更多。

我们在金钱、时间或情感上对某件事有了初步投入以后，想放弃投入的东西就比较难了。放弃有价值的东西并不容易，即使只是象征性的价值也是如此。我们很容易以此证明自己的节俭。然而，这样做可能需要花费更多的钱或更多的时间。即使沉没成本很小，我们也不愿完全忘掉。我们更倾向于采取下一步行动，等待更长的时间，或者投入更多的资金来完成这件事。

露营是一种便宜的度假方式吗？或者只是我们感觉这样消费便宜？我们可以为小额开销辩护，虽然随着时间的推移，小额会累积成大额。分散花钱比盯着一张大额账单要舒服得多。分多次花钱的奢华假期，比起一次性花一大笔钱引起的情绪反应更少。现在买点东西比为不真实的未来攒点钱更有趣。

也许露营之所以如此吸引人，是因为我们已经有了露营装备；然而，长期的小额花费会在不知不觉中累积起来。但如果这些沉没成本让你更频繁地走出家门，改善了你的生活，那就好好利用吧。此外，与每次只买滑雪场日票的人相比，购买季票通常会导致游客有更多的滑雪天数。

同样的理论也适用于购买更便宜的劣质商品。比起价格更高、质量更好的商品，劣质商品可能需要更频繁的维修或更换。不管你把钱花在了什么地方，你都会有一种更强烈的义务感来使用它。在任何情况下，都不要选择廉价低质的商品，实际上，从长远来看，它可能和你喜欢的优质商品一样贵。

巴纳姆和福勒效应：每分钟都有一个傻瓜诞生

> 建议采取谨慎立场的经济学家可能是对的，也可能是错的。

林林兄弟与巴纳姆贝利马戏团（Ringling Brothers & Barnum & Bailey circus）被誉为"地球上最伟大的表演者"。从年轻时开始，菲尼亚斯·泰勒·巴纳姆（Phineas Taylor Barnum）就认识到，人类的行为是有偏见的，而且靠这种偏见足以牟利。他说："我不想欺骗公众，我想首先吸引他们，然后取悦他们。"

巴纳姆涉足了各种各样的行业。他开办过一份自由奔放的报纸，他的观点因此受到诽谤指控。在康涅狄格州宣布彩票非法之前，他在该州经营的彩票一直很成功。他炒过房地产，搞过图书拍卖，还创立过几个独特的利润丰厚的公司。二十五六岁的时候，巴纳姆的商业兴趣转向了表演，他买下了斯卡德美国剧院（Scudder's American Theatre）。他在剧院前面挂了一盏大灯来吸引周围所有人的注意，打破了 19 世纪中期纽约街道的黑暗。白天，大楼的顶部插着很多旗帜，窗户上挂着花哨的超大动物画。

如果这些装饰还不足以吸引人们注意的话，屋顶上还有冉冉升起的热气球。

这栋位于百老汇和安街（Ann Street）的木结构建筑是不太可能容纳什么珍奇动物、旷世奇观或者稀世之宝的。这个以他自己的名字命名的剧院也不是一个旨在容纳和展示重要历史文物的画廊。巴纳姆倒是在这里精心策划了一系列旨在欺骗消费者的活动，这比20世纪的真人秀电视节目早了100年。

他"租"了一个双目失明、几近瘫痪的女性奴隶，名叫乔伊斯·赫斯（Joice Heth）。若不是当时纽约蓄奴违法，他就会买下这个女奴。他每天展览这个女奴10~12个小时，不仅声称女奴161岁，而且说她过去是乔治·华盛顿总统的保姆。不久之后，女奴去世了（享年不超过80岁），巴纳姆冷血地向好奇的观众售卖观看女奴尸检的票，每张5毛钱。

1842年，巴纳姆还买来"斐济美人鱼"供人观赏：其实是由灵长类动物的上半身与鱼的下半身缝合起来制作而成的假美人鱼。每个奇特展品的成功都会带来下一个更大、更好或更奇怪的展览。"独自行走的最小人"是最臭名昭著的展品之一。"大拇指汤姆将军"被称为成年侏儒，其实他只有四岁。为了提升表演效果，他被教导模仿大力神和拿破仑等著名人物。他在5岁的时候，就被教唆开始喝酒、抽雪茄了。

对于巴纳姆来说，这种表演并不是为了骗人。他坚持认为表演只是为了吸引和娱乐观众。然而，他从不担心为了获得成功需要造多少假。他有一句名言："每分钟都有一个傻瓜诞生。"

晚年，巴纳姆建立了巴纳姆大旅行博物馆、动物园、大篷车和赛马场。他买了一列火车，把帐篷、动物、演员从一个地方运送到另一个地方。最终他与贝利等人一起卖掉了自己的股份。直到 1970 年，这个欺骗观众超过 145 年的著名嘉年华才关了门。

巴纳姆用似是而非的东西欺骗观众，这段臭名昭著的历史为他在历史上赢得了一席之地。一个模糊的叙述可以适用于各种各样的人或情境，这就是巴纳姆效应，也叫作福勒效应，两种说法可以互换。通过使用可适用于众多例子的细节词句，让我们觉得这些词句很准确，而且信息丰富。然而，仔细检查后，你经常会发现这些词句模糊而概括，并不像你最初认为的那样具体。

占星术是体现巴纳姆效应或福勒效应的一个很好的例子。由于对每个星座的描述都与其他星座截然不同，所以人们更容易接受这些描述，因为听起来似乎是针对你的。人们愿意相信虚假的算命，尤其是当某些建议听起来似是而非、与我们的处境相关时，或者当我们希望它是真的的时候。一厢情愿和证实偏见都是造成这种现象的原因。然而，通过更全面的思考，你可能会发现最初你认为是细节的东西其实很笼统。你可能认为占卜师对你的性格有一些个人见解，而实际上他们根本不可能了解你，这就是为什么有人认为算命能算一切了。

这种模糊并不仅限于描述你的性格或者预测你的未来。在任何话题上，我们都容易高估这种模糊描述的准确性。经济与投资预言家们类似占卜师和看手相的人，他们经常提供类似的模糊建议。不管当前市场状况如何，这些言论都令人信服。这种建议足够模糊，在任何经济环境下都是正确的，但这些看似重要的信息其实是无用的。当你批判性地重读这些话时，你会发现这种建议是如此不确切，以至于没有实际价值。

偏见是你难以摆脱的东西。你会倾向于记住那些支持你现有经济预期的观点：证实偏见又在起作用了。直白点说，人们希望自己正确。人们坚信自己是对的，并且寻找确凿的证据来支持自己的观点。

给模糊的信息赋予意义是鲁莽的，但你会试图将这些信息与你现有的观点结合起来。宽泛的陈述很有欺骗性，乍一看可能很有道理，但实际上根本没有提供任何有用信息。

你应该以批判的眼光看待经济预测和普通建议。如果存在可操作的建议，就把它找出来，抛弃那些不明确的观点。如果某个建议（比如"要谨慎"）的适用范围太广，或者在相反的情况下同样有效，那么该建议就不像最初看起来那样有帮助或者有前瞻性。

损失厌恶破坏了你的信念：用金钱换睡眠

> 为了避免难过而抛售股票不会给你带来回报。

2018 年夏末，专家们开始发表意见，预测牛市即将结束。这种经济衰退言论出现的频率如此之高，以至于投资专业人士和消费者都开始猜测这种结果不可避免。这种日益高涨的情绪让人们把蠢蠢欲动的食指放在了卖出按钮上，只要有任何风吹草动，就会按下它。到了那年 11 月份，猜测演变成了共识。史上持续时间最长的经济扩张早就该退却了。

当时的说法是，过去的经济扩张周期持续的时间并不比这次长，而这次已经持续了太久。一些人说：2009 年 3 月开始的经济扩张早已超时了。

资本市场价格上涨是因为买方多于卖方。要改变其方向，所需要的只是人们总体情绪在数量上的转变。投资者也是人，是人都有偏见。有时，我们很难说清楚市场方向变化的根本原因。然而，每次市场趋势的变化都是由投资者的共识引起的。

在那年股市下跌之前，投资者一度对经济持续增长持乐观态度。北美的失业率降至几十年来的最低水平。无论是在加拿大还是在美国，想工作的人基本都能找到工作。人们做投资决策时，市场情绪与基本面证据同等重要。

此外，当时消费者花钱的方式就像钱包永远不会瘪一样，那年黑色星期五的销售额比历史上任何一年都要高得多。业务量和赢利持续增长，推动了房价和股价的同步上涨。专家们称，预期的经济衰退似乎并非那么迫在眉睫。然而，他们又皱紧眉头警告说存在经济衰退的潜在风险。这一预测非常具体，足以引起恐慌，但又非常模糊，就像看星座运势一样——这就是巴纳姆效应。

在不能预知结果的情况下，谨慎行事是明智之举。然而，普遍恐慌是一种隐患，警惕程度的上升可能引发人们对所担心事情的连锁反应。这是一个自我应验的预言。

根据路孚特的数据，2018年9月至12月，北美的股指下跌了20%。这次大跌让各行各业遭受了严重打击。无论是派息股、价值股，还是有前途的科技公司、新经济颠覆者，都无法维持股价。

在极端事件中，投资者们都想卖掉所有投资项目来换现金，这时候分散投资也无济于事。当流动性枯竭时，各种证券都会同步下跌，无论该证券属于什么类型、行业、类别或者有什么其他属性。在这种情况下，投资者投降了，会出现把洗澡水和"孩子"一起倒掉的情况。经济衰退的预期可能促使一些投资者卖出证券。一些人是因为害怕价值下降而卖出，而另一些人则是因为最初的下跌触发了他们预先确定的退出策略而清仓。

最终，追加保证金的要求迫使杠杆投资者套现以偿还投资贷款。市场暴跌时卖出股票的每个投资者都能想出理由证明这次交易的合理性。市场暴跌期间卖出股票的动机很少是基于长期计划的，否则市场就不会出现超卖了。

最后一批认为本次大跌深不见底的投资者终于让市场触了底。这些人再也无法忍受这种波动了，最终在平安夜抛售了自己的股票。也许他们认为，消除市场下跌和损失厌恶引发的焦虑是明智的。这样，他们就可以在圣诞假期放松一下，专注于家庭聚会，喝一杯蛋奶酒，多吃点火鸡。在加拿大，12 月 24 日也是那年申报资本损失的最后一个交易日。根据路孚特的数据，这一天也是标普 500® 和 S&P/TSX® 价格开始回升前的最低水平。不可思议的是，太多人在股市反弹前的最后一天抛售了股票。这就好像人们同时做出了情绪上的投降。具有讽刺意味的是，所有在市场底部抛售股票的人都会马上告诉你，他们这个决定是为了防止进一步损失。

在市场极度波动时期卖掉证券，避免了损失厌恶带来的负面情绪，但你这样做可能要承受不可挽回的损失。出售证券将造成严重的财务损失，但此时出售股票却似乎在情感上令人信服。然而，是令人信服的损失厌恶情绪让你自我欺骗，让你认为自己正在谨慎行事，为的是解脱、睡个好觉。睡眠能促进健康，但当市场变得不稳定时，放弃一个构建良好的投资策略，对任何人的财务健康来说都不是最佳选择。然而，读完本书，你会有其他方法来保证一个好的睡眠，而不必用钱来换。

从众心理：共识损害业绩

> 如果你是最后一个买入的人，那么容易赚的钱赚不到，风险却更高了。

20 世纪中叶，北美家庭围坐在电视机前吃斯旺森（Swanson）公司的电视形盒饭是很常见的事。分成格子的铝箔托盘，里面装着牛排、土豆泥、黄油豌豆和桃子馅饼，那时候吃这种盒饭被认为是一种享受，很受欢迎，成了人们每周一次的仪式——通常还包括全家一起观看迪斯尼公司的纪录片。

1958 年，纪录片《白色荒野 2：旅鼠和北极鸟类》播出。该纪录片以一个戏剧性的镜头而闻名：一群毛茸茸的小型啮齿动物在北极苔原上爬行，一个跟着一个走下陡峭的悬崖，"成群结队地冲进海里，集体自杀了"。

这些动物看起来愚蠢又可爱。在欢快的背景音乐中，不带感情的男声旁白讲述着它们的悲惨故事："它们疯狂地从悬崖上滚下，造成松动的土壤和岩石发生了微小崩塌。"随着无所畏惧的旅鼠们向最后一道悬崖推进，背景音乐中双簧管和巴松管的音调发生了急剧变化。"这是最后一次回头的机会了，"解说员提醒那些把黄油土豆泥送到嘴边，被惊得目瞪口呆的观众，"然而他们跳下去了。"

旅鼠一只接一只地跳下悬崖，溅落到北冰洋的水面上，就像被扔进浴缸里的沐浴玩具。即使到了这个时候，它们也没有转身游向海岸。它们集体远离安全的海滩，融入冰冷的海浪中。"渐渐地，它们没了力气，"解说员温和的语调轻描淡写，就像在描述橄榄绿窗帘的色彩，"决心已经逝去，很快，北冰洋上四处漂浮着微小的尸体。"

旅鼠的从众心理已经从民间传说变成了公认的真相。但坊间传言，制片人为了拍这部纪录片，买下这些旅鼠，再把它们推下悬崖。不管传言是真是假，1958 年的这部纪录片中的画面在旅鼠的自然迁徙行为中并不常见。

可能是因为剧情太惊人，也可能是因为迪斯尼公司吸引的观众太多，不管原因是什么，旅鼠的故事一直流传至今，并用来描述投资者在资产价格泡沫及其最终崩溃期间的行为。

人多力量大，随大流会让你觉得自己走在正确的道路上。毕竟，其他人都在这么做。与别人不同步的行动更具挑战性。如果你是唯一选择不同方向的人，你会对自己的选择产生挥之不去的怀疑。

然而，在投资方面，共识会损害业绩，做其他投资者正在做的事情对你不利。从数学上讲，随着越来越多的投资者买入或卖出，你的风险就会增加，获得回报的机会就会减少。

可是有充分证据表明在机构和个人投资者中依然存在着从众心理。人们仍然倾向于以协调一致的方式做出投资决策。例如，当一只股票长期表现良好时，投资者更倾向于继续购买。随着价格上涨，我们觉得这证实了自己做了一笔赚钱的投资（证实偏见）。然后，当其他投资者参与进来时，作为赚钱投资者中的一员，我们又获得了更多快乐。证实满足了我们对正确的渴望。不管投资是好是坏，从众心理和证实偏见在激励投资者买入或卖出方面都发挥着重要作用，很多例子证明了这一点。

当投资者本月净买入某只上涨股票时，除非股价下跌，否则他们下个月更有可能再次买入该股票。投资者还有一种奇怪的倾向，即买入的股票种类比卖出的少，倾向于巩固持有的股票。这种模式意味着偏好热门股票，并集中投资这些股票。还有证据表明，我们更倾向于购买交易量异常高的股票。这些都证明我们有与其他投资者的做法保持一致的倾向。

回顾一下你过去的投资行为，现在你可能会意识到：由于价格变化或者看到其他投资者采取或放弃某个策略，自己经常感到是在被迫行动。我们不由自主地依赖别人的决定，而不是花时间研究自己的选择。然而，未经分析，人们的交易决策就是会受到从众心理或其他行为倾向的影响，比如锚定、过度自信、证实偏见、处置效应、可得性偏见以及代表性。

成为投资者群体中的一员是有风险的。假设即将上任的美国总统反对碳基能源，在这种情况下，你决定卖出管道和石油公司股票，买入可再生能源股票。这可能是个好策略。然而，如果你这样推理，其他人可能也这样推理。总统政纲公布之时，可以肯定，该消息的影响已经反映在股价中了。如果是这样，那么你所预期的上涨收益已经被拿走了。

此外，当你听说某只股票涨了300%时，你可能会有购买该股票的冲动，因为这样你就不会错过剩下的涨幅。然而，股票价格上涨并不代表该股票是一项好的投资，也不能证明它符合你的投资策略，买入该股票甚至可能无利可图。随大流的自然倾向会让后来的投资者风险更高，获利可能性更小。无论何种投资策略，早期采纳者——显然不是跟风者总是获利最多。

让我们以奈飞（Netflix）的表现为例。该公司在北美和其他一些国家可谓家喻户晓。月使用费便宜，简单易用，这就是数百万用户在一个周末刷完一整季的《布里奇顿》（*Bridgerton*）和《实习医生格蕾》（*Grey's Anatomy*）的原因。

在传媒业务百家争鸣的年代，奈飞从一个家庭娱乐提供商一跃成为股市宠儿。前文讲过，投资于自己熟悉和了解的公司的股票，你往往会感到更舒服，尤其是当这些公司的产品耳熟能详时。熟悉度偏见使你觉得投资这些产品和服务比投资不熟悉的风险更低。实际上，选择受欢迎的东西投资是一种有意义的偏好。同样，因为受欢迎，所以从众心理会促使你期待更高的回报。

在奈飞这个例子中，许多投资者和分析师很早就做足了功课，买入或推荐了该公司的股票。有些公司会打破现状，迫使旧业务适应更有效的业务流程，这些公司也会以高额甚至超额收益增长的承诺来吸引投资者。然而，许多消费者认识到流媒体服务正在迅速获得市场青睐，于是凭直觉购买了奈飞的股票。

20世纪50年代，电视机进入人们的客厅时，节目提供商通过植入产品广告将受欢迎的节目货币化。穿衬裙的女演员会奇怪地脱离剧情，直视镜头，拿起一盒洗涤剂，称赞其效果胜过一切其他品牌。植入式广告后来演变成了插播广告。由于电视观众懒得换频道，于是认为插播广告是一种无所谓的插曲。后来，观众可以在广告时间用遥控器换频道了，但拿不到遥控器的人都会感到沮丧。最终，观众能够用录像机录制自己喜欢的节目了，这样也就完全跳过了广告。这就是流媒体服务的开端，流媒体的出现再次改变了一切。当消费者不再需要观看广告时，播放广告内容就不赚钱了。为了保持竞争力，新媒体公司需要提供最好的点播内容，从而吸引用户为其服务付费。

奈飞的服务风靡全世界多个国家。该公司获得了评分非常高的电影和短剧的播放权，后来又开始制作和播出自有的节目。与过去的预先编程的卫星电视服务相比，奈飞的服务收费较低，提供了引人入胜的节目。这种新方式蚕食了传统有线电视频道和卫星电视频道的客户群，这些频道的节目播出时间是固定的，而且还要插播烦人的商业广告。

迪斯尼之类的内容提供商很快就意识到，它们可以绕过中间商，建立自己的流媒体服务，从而无须把自己受欢迎的动画片和标志性系列剧租给奈飞。迪斯尼开发了一个自有平台来传送他们备受赞誉的节目，绕过了奈飞和其他流媒体服务公司。

尽管竞争激烈，但自 1997 年以来，奈飞的用户一直在增长，随之而来的是可观的收益。公司的成功让投资者欣喜不已，股价开始上涨。利润激发了新一批投资者的投资热情，导致股价不断攀升。事实核查与分析不再那么受重视，取而代之的是快速决策的自然倾向，这是一种错误的高效率。上涨的股价和增加的利润似乎验证了你选择该投资项目和继续投资的正确性。当你获利时，确认偏见和从众心理往往会占据主导地位。

在这个关键点上，投资者开始意识到公司抛物线式的赢利增长是不可持续的。赢利增速的放缓最终要反映在股价上。股价不可能无限超过赢利水平。此外，对于奈飞来说，能够使用其服务的人数是有限的。奈飞拥有的用户越多，意味着它可以新增的用户越少。

截至 2017 年第三季度，投资热情将奈飞股价推高到其 1.43 美元赢利的 300 倍。根据路福特的数据，当时投资分析师乐观地预测该公司 2018 年全年赢利增长率将为 88%，达到 2.69 美元。难怪投资者兴奋不已，排队购买更多奈飞股票，即使其价格已经如此之高。然而，该公司必须在未来 6 年里保持这样的增长速度，不能有丝毫下滑，才能证明目前的价格是合理的。也就是说，如果奈飞能够维持 88% 的盈利增速，其 2017 年的交易价格就是其 2023 年的内在价值。

从众心理在机构和个人投资者中都很典型，但原因不同。想想"郁金香狂热"的故事。著名维也纳生物学家卡洛勒斯·克卢修斯（Carolus Clusius）首先引入了郁金香球茎，荷兰因此花而闻名。自 16 世纪末郁金香引入荷兰以来，栽培的郁金香球茎因其特性而广受欢迎。商人们为了药用价值寻找这种特殊的花，同时也用它来装饰花园。最终，郁金香球茎确立了其作为一种贸易产品的功能地位。

随着人们兴趣的增加，郁金香的杂交品种也成倍增加，其魅力和需求量不断增大，推动其价格进一步上涨。最终，为了获得专业交易员的利润，郁金香狂热在普通人中蔓延开来，人们愿意卖掉其他资产来参与这场狂热。

郁金香泡沫破灭几百年后，对政府如何管理经济颇有建树的英国经济学家约翰·梅纳德·凯恩斯（John Maynard Keynes）给其他投资者提出了睿智的建议。他警告说："市场保持非理性状态的时间可能比你保持不破产的时间更长。"我们最好不要过早预期获利。

从众心理和集体舆论导致的错觉可以长期存在。你的投资研究可能是正确的，但如果市场上的其他投资者和你不一致，你就会痛苦地度过一段漫长的没有利润的时间，就好像你做了错误选择似的。郁金香狂热时期的疯狂交易持续了 30 多年。据说，到 1637 年 2 月，商人为一个郁金香球茎支付的价格比一个工匠年收入的 10 倍还多。如果你在 17 世纪早期做空郁金香市场，很可能会破产。

随着新冠疫情的暴发，公司争相采用远程办公技术，投资者也迅速跟进。2020 年 1 月 1 日中目科技公司（Zoom Technologise Ine., 股票代码 ZTNO）的股价是 1.10 美元，到 3 月 20 日就涨到了 20.90 美元。然而几个月后的 11 月 12 日，该股收于 0.16 美元。这些投资者可能误以为自己买的是纳斯达克上市的中目公司（Zoom Video Communications Inc., 股票代码 ZM）的股票。随着商务人士转向视频会议，中目视频会议平台声名鹊起。根据路福特的数据，中目公司年初股价为 62 美元，年末涨至 428.64 美元。ZTNO 的投资者受到了代表性的影响。误导人的公司名称加上明显的价格上涨让他们误以为自己投资了正确的公司，却完全买错了股票。显然他们用从众心理和证实偏见取代了调查研究，因而购买并持有了错误的股票。

郁金香狂热、奈飞和假中目公司的故事背后都是相同的自然偏见。即便如此，一些参与者还是从这些交易中获了利。另一些人则搭上股价的便车一路上扬，然后又一路跌了下来。还有一些人赔得精光。然而，在每一个疯狂投资和从众心理的案例中，后期参与周期的投资者都是在一个较高的，甚至是不必要的风险水平上操作的。

第四章

培养个人经济价值观

为什么要坚持这 8 个步骤

前三章举例说明了许多看似理性的思维过程，但它们却在不知不觉间偏离了你的意图和目标。思维捷径会导致偏见，偏见会对你的财务健康产生严重后果，也会因此造成不必要的压力。例如，你已经看到，近来发生的事件对你的风险偏好产生了较大的影响。最近发生的事对你今后决策的影响可能比你意识到的还要大。你的其他倾向——比如你自然倾向于把一些钱和另一些钱区别对待，或者通过改变信念来证明自己的行为合理——会破坏你的目标，而不是帮助你实现目标。

如果当前的市场趋势很诱人，或者邻居的成功让你眼红，你就很可能失去对最重要目标的关注。在市场波动的时候，你会因为害怕损失而惴惴不安，这时候你可能会像抓住救命稻草一样，随便就做出决策，而这些决策并不能把你带到你想要到达的地方。

尽管自然偏见会对你造成影响，但你仍然可以保持自己的经济抱负。实现目标和减少判断错误的最好方法是首先了解自己看重什么，以及为什么这些东西对你很重要。

如果现在花点时间来建立自己的价值观并养成减少偏见的习惯，你就可以避免交易决策中的许多错误，以更少的努力和痛苦来实现自己的目标。你可以把简单却有效的习惯应用于财务选择之中，这样就能有目的地减少紧急情况下的情绪压力。而且，随着这些习惯给你带来越来越多的好处，你会越来越成功，更大的成功将成为自我激励。下面章节介绍的所有习惯中，最重要的是了解自己的个人经济价值观。

尽管一些投资者采用了某些原理来防止具有破坏性的倾向发挥作用，并且取得了成功，但是应用如此宽泛的建议有时会让事情变得更糟。然而，如果不是因为这些预言性的话语中有着某些显而易见的真理，它们就不会被从老师传递给学生，从父母传递给孩子，也不会在互联网上流传。

这些预言性的话语之所以能持续存在，就是因为我们经常出现决策错误。在研究人员开始破译决策过程中的系统性判断错误与偏见之间的关系之前，早就有人提出了这些睿智的建议。尽管这些建议存在于我们的语言之中，但没有人告诉我们如何使用以及何时使用它们。

低买高卖。——谚语

只要不卖，就不算亏。——匿名

多头能赚钱，空头也能赚钱，猪头才被宰。——吉姆·克莱默（Jim Cramer，美国财经节目主持人）的第一法则

在投资中，让人感到舒服的东西很少能赚钱。——罗伯特·阿诺特（Robert Arnott，美国著名投资专家、基本面指数投

资策略创始者）

一鸟在手，胜过双鸟在林。——谚语

谨防小开销；小漏沉大船。——本杰明·富兰克林

我来告诉你在华尔街发财的秘诀。别人恐慌，你贪婪；别人贪婪，你恐慌。——沃伦·巴菲特

投资中最危险的五个字是："这次不一样。"——约翰·邓普顿爵士（Sir John Templeton，被誉为"全球投资之父"）

别人都在卖的时候，你买进；别人都在买的时候，你坚持持有。——J.保罗·盖蒂（J. Paul Getty，著名石油大亨，"石油怪杰"）

股市中充斥着知道所有东西的价格却不知道其价值的人。——菲利普·费雪（Philip Fisher，现代投资理论开路先锋之一）

这些原理可能有助于你避开一些陷阱，但是如果过于宽泛地使用，就会引起极大的危险。在情绪和偏见的影响下，相信这些模糊的指导——在学习巴纳姆效应时你已经发现——就像相信占星术能帮你找到理想的婚姻伴侣一样。两年前，上面的一句或几句话可能会阻止你在市场周期的底部清仓，但下一次，这句话可能就无法改变你要清仓的自然倾向，你认为自己是在规避风险。

经验法则似乎也是处理复杂决策的一个合理方法。当事实有限或时间有限时，借鉴以前的经验听起来非常明智。可是，预

先设定的结论往往不能很好地反映当前的情况。代表性使得你假设当前的情况与过去的情况非常相似，而实际却并非如此。用你在另一种情况下学到的东西来代替现在的情况，效果可能没有想象的那么好，当前的现实可能太复杂，无法从过去的经验中得出有效的结论。经验法则并无害处，但过于依赖经验会导致证实偏见、过度自信和许多其他偏见，从而影响你的选择。

此外，随着情况变得复杂，经验法则也变得越来越没用。例如，有人可能认为在油价下跌时将加元兑换成美元是一种可靠的投资策略。当然，该策略可能反映了西德克萨斯中质原油（WTI）中期价格的整体趋势与美元兑加元的汇率走势相反。但是，这并不意味着你要机械地做出交易决定。还有许多其他因素会影响外汇市场，不管其表现强弱，依靠一些特殊因素来预测结果都是鲁莽的。

经济学家在讨论人们的动机时，觉得我们好像总是从自身的最大利益出发，动不动就想榨取最大利益。而事实上，人们只是系统地展示了可能减少财富的非理性金融结论。回想一下，当资本市场变得不稳定时，损失厌恶所产生的恐惧是如何蔓延的。当选择过于复杂，或者不清楚怎么做最好时，现状偏见会让你无法做出决策。此外，对错失良机的恐惧和从众心理也会让你在为时已晚之前买入股票，甚至在股价已经很高且该投资并不符合你的长期目标的情况下，你也还是要买入。

当你面对不可避免的损失时，你的希望会增加，这会影响你，让你本应该明智地及时止损时接受不必要的风险。后见之明偏见会让你认为自己本可以完全避免损失，其实你要有先见之明才可以避免损失。

有偏见的推理会对理财结果产生负面影响，进而让目标更加遥不可及。你可能试图解决一个短期问题，做出这个交易决定不会改善你的长期计划。具有讽刺意味的是，依赖自然而然的感觉——依赖你的直觉——往往会让你做出错误的判断，从而导致忧虑、压力和后悔。

冲动的决策理应受到指责。这是下意识的决策，顾名思义就知道它必定是短视的。这种决策可能是完成工作和解决短期问题的有效机制，但其背后的偏见可能导致糟糕的长期结果。

很显然，你做的交易决策越少，犯的错误就越少。因此，我们要减少必须快速做出决策的次数——或者说减少做各种决策的次数——这样就可以减少错误决策带来的影响。你可能会面临很多经济上的失误。你经历财务压力事件的次数越少，就越有可能实现财务目标，整体上也会感到越幸福。

你无法完全避免偏见，但可以通过两种重要方法显著降低偏见的影响：

（1）用你个人经济价值观的长期目标来减少做决定的总次数；

（2）养成一些有助于做选择时控制偏见的习惯。

虽然快速处理信息的方法也有用，但如果你能理解并应用自己的价值观，则会产生更好的结果，这样就不会受到在悔恨、恐惧、过度自信情况下做出的推理的摆布。一旦开始专注于这两种方法，你就朝着正确的方向前进了。

拥有一笔钱不如给自己一个目标。拥有自己的房子并组建自己的家庭是一个基于价值观的目标。你要周游世界因为你的母亲是一名传教士，你想留住她工作的痕迹，这也是一个基于价值观的目标。只要对你来说有意义，即使是购买一种身份的象征也是基于价值观的，比如在某个国家拥有一套房子，因为你想在这里重建家族根基，或者想更接近你爱的人。

成为有钱人不是一个目标。成为百万富翁或亿万富翁的愿望不具备执行力，因为它不能说明这对你意味着什么，或者为什么有必要这样做。说自己想变成富翁不如描述出自己想要的现实生活中的样子和感觉。对数字的追求也无法体现你的价值观，谁都能随便说出一个数字。

当你的行动和个人经济价值观同步时，财富就会增长。当目标基于你的价值观时，目标就会成为成就。将时间和资源投入深思熟虑的个人经济价值观上比投入一个毫无意义、遥不可及的数字上更容易。你的目标必须对你的生活有实际意义，基于价值观的规划是你取得成功的最佳路径，因为这与你是谁以及对你来说什么最重要是一致的。

个人经济价值观练习册

也许你用第一直觉就能一口气完成这些问题。也许你更想花一个下午的时间，或者先把问题通读一遍，然后，花几天时间认真思考这些问题，再坐下来给出答案。无论用哪种方式，最好留出一段不受干扰的时间，充分思考自己的核心信念，不管它们是什么。首先，从最明显的条目开始：今天的日期是？

日期： _____　_____

第一步：开始

首先回答下列问题来评估你当前的财务状况。

用自己的语言回答问题，答案可长可短。这些问题用来回忆你的经历和观点，所以它们会在接下来的步骤中成为你的首要考虑因素。这些问题也将帮助你确定感到自信的领域，并发现那些需要给予更多关注的领域。你的答案将最终引导你培养个人经济价值观。

我对自己的财务状况感觉最好的时候是……

我对钱的第一次记忆是……

如果我立遗嘱，我的财务事项包括……

我目前的投资状况是……

我借的钱共计……

我喜欢与之合作的专业人士是……

我不想与之打交道的人是……

我现在可以使用的一条建议是……

我可以委托的操作 / 流程有……

我不想再花钱的领域包括……

我想更多地了解……

我最自豪的是我的……

让我夜不能寐的是……

第二步：你如何看待自己

在下面的空行处列出你生活中想要拥有的东西，可以是资产、冒险活动、经历或一种生活方式。例如，你可能想获得硕士学位、想跑马拉松，或者想创业。经历可能包括徒步喜马拉雅山、子孙满堂，或赢得一个奖项。你可能想要一个家庭度假屋、一件艺术藏品，或一个游艇。确定自己想在生活中拥有什么会促进你对未来的思考，并为实现这些目标所需的财务资源奠定基础。你的意图和人生目标将决定你在接下来的活动中采取的行动。

在我的一生中，我想实现：

（1）_____

（2）_____

（3）_____

（4）_____

我想要的冒险活动和经历：

（1）_____

（2）_____

（3）_____

（4）_____

我希望在有生之年得到的资产：

（1）_____

（2）_____

（3）_____

（4）_____

第三步：你有什么理财技能

在获得技能的过程中，你增长了知识、积累了经验并日臻熟练。每个人在理财方面都有不同程度的知识和经验。你可以从正规教育或日常生活中获得技能。例如，作为长期的工会成员，你应该能对自己养老金计划的运作情况有一个很好的理解。

列出适用于管理财务的各方面技能，并且你对这些技能有较高的舒适水平。可能的技能包括预算、投资决策、讨价还价、购物、储蓄、财务规划、投资组合管理、税务策略、投资分析、减少债务、报税和谈判。你列出的技能没有数量限制。你要专注于自己拥有的最有用的财务技能，而不是编制一个详尽的清单。

第三步是明确如何在日常生活中应用每项技能。例如，你可以将投资决策列为一项技能，并圈出"经验丰富"和"知识渊博"。在描述中，你可以说明你能够准确地评估自己的风险承受能力和投资效果，但更希望找一个顾问来管理日常投资决策。而其他人可能会说，他们喜欢自己做投资决定。

通过确认自己的优势，你就可以确定你应该自己直接管理哪些领域，以及在哪些领域更需要外部资源或支持。

技能 1：＿＿＿＿＿＿＿＿＿＿＿＿＿＿＿＿

（知识渊博、经验丰富、熟练精通）

描述：＿＿＿＿＿＿＿＿＿＿＿＿＿＿＿

技能 2：＿＿＿＿＿＿＿＿＿＿＿＿＿＿＿＿

（知识渊博、经验丰富、熟练精通）

描述：＿＿＿＿＿＿＿＿＿＿＿＿＿＿＿

技能 3：＿＿＿＿＿＿＿＿＿＿＿＿＿＿＿＿

（知识渊博、经验丰富、熟练精通）

描述：＿＿＿＿＿＿＿＿＿＿＿＿＿＿＿

技能 4：＿＿＿＿＿＿＿＿＿＿＿＿＿＿＿＿

（**知识渊博、经验丰富、熟练精通**）

描述：_____

第四步：你对金钱的信念是什么

价值观是相对永久的信念，它关于什么是关键的、有价值的或公正的。观念是一种无形的力量，它可以影响你的行为。确定你重视什么将帮助你做出与自己的立场和想要实现的目标相一致的选择。你对价值观的理解可能与别人不同，你对某些价值的渴望可能比对其他价值的渴望更强烈。

在这一步，从财务价值观、储蓄价值观、支出价值观和投资价值观等类别中选出至少一个价值观。列出的价值观不要超过 3个，重点要关注那些对你来说最重要的：

- 可能的财务价值观包括职业、教育、安全、被动收入、利润、信任、家庭或平衡；

- 可能的储蓄价值观包括稳定性、规律性、最大化、被动收入、绩优股、保守或积极；

- 可能的消费价值观包括慷慨、节俭、杠杆、价值、极简主义、本质主义、奢华、质量、名牌或折扣；

- 可能的投资价值观包括准确、积极、透明、质量、税收敏感、创新、社会意识、对冲、多样化、动量、价值、增长、无风险、通货膨胀保护、环境敏感、稳定或成本敏感。

例子：

价值观：绿色生活

描述：我相信在生活、经营企业和选择投资过程中考虑我这样做会对环境产生怎样的影响很重要。

价值观：高质量购物

描述：我愿意在做工精良、质量更好的东西上多花些钱，因为我知道它会更耐用。

价值观：保守投资

描述：我不是一个喜欢冒险的人，我希望每天早晨都能看到存款就在那里，哪怕这意味着我的回报率很低。

第五步：了解你的风险偏好

当回报大概相当于赌注的两倍时，大部分人都愿意赌一把。大部分人对所得回报的愉悦程度却只相当于对损失的遗憾程度的一半。我们也知道，生活中最近发生的事情会对你的风险偏好产生影响。如果最近赢过，那么你可能会受到赌资效应的影响。如果最近输过，那么你可能倾向于增加风险，尤其是当你认为有机会挽回损失的时候。参考第二章的内容，回顾一下控制风险的欲望、依赖直觉的愚蠢，以及人们如何在错误的时间被迫增加风险。

人们通常认为自己处于持续的风险框架中，并将自己分为低、中、高风险承受人。了解你的整体风险承受能力有助于确定适合你的投资类型，进而确定你可以预期的可变回报水平。重要的是要考虑到损失厌恶对预期的影响，并想想你的选择如何受到你的经历的影响。一旦了解了自己的舒适水平，你就可以设立屏障来避免那些不能反映个人经济价值观的、有偏见的决策。

为便于讨论，我们使用风险这个词来描述可变性和波动性，而不是指永久性的资本损失。以下指标旨在反映典型的长期市场波动，而非极端事件。这些指标可以提供普遍的指导方针来评估你对波动性和可变性的容忍度。从下面 5 个类别中圈出与你最相关的级别。然后，再写一些评论，用自己的话来描述你愿意接受风险还是对风险感到不适。

0% 的波动性：我不期待资产增值。我的主要目标是当我需要钱的时候知道钱就在那里。

0%~5% 的波动性：从长远来看，我可以通过一些改变更好地保护自己的购买力，但我更愿意让自己的大部分投资保持相对稳定。

5%~10% 的波动性：对我来说，平衡是一种理想的结合。我知道市场上交易的资产会波动，但让财产多样化可以限制波动性。此外，将投资产生的经常性收入进行再投资，并选择高质量的投资，预计将使波动性低于整体投资市场。

10%~20% 的波动性：我希望赚得和在股市中一样多，甚至更多。我不能容忍平庸的回报，但也不能把谨慎抛诸脑后。

20% 的波动性：如果回报够大，我不介意冒险。我不用担心日常的财务问题，所以可以承担风险，而且很少焦虑。

评价：＿＿＿＿＿＿＿＿＿＿＿＿＿＿＿＿＿＿＿＿＿＿＿

第六步：是什么阻碍了你

偏见源于你在日常选择中使用的捷径。人们在做决定时也会依赖经验法则，就是基于过去的成功经验或者发誓永不再犯的错误。每个人都容易受到偏见的干扰，这可能会破坏预期的理财结果。你可能注意到了，某些偏见在生活中比其他偏见更有影响力。确定哪些行为最常干扰你的理财决策可以帮助你专注于养成最重要的习惯。

列出脑海中出现的 3~4 个一时冲动做出的后来让你感到后悔的决策。然后，说明是什么导致你做出这些选择以及你的决策过程。方便起见，你可能要浏览一下前三章介绍的各种偏见，它们能让你重新记起可能导致意外财务结果的典型情况。最后，考虑一下，为了避免发生这类情况，你可以采取哪些措施或养成哪些习惯。读了下一章关于养成无偏见习惯的内容之后，再回到这一步，把能解决最重要问题的习惯添加进去，这样就很容易把这些习惯整合到你的计划中。

例如：

偏见：过度交易、损失厌恶

描述：我每天早上都会检查我的投资，尤其是在市场波动的时候。当资产价值下跌时，我会感到焦虑，并试图通过卖出来降低风险。

要养成的习惯：我会记录自己的决策，说清逻辑依据和预计的持仓时间，以提醒自己长期战略是什么。

偏见：处置效应、卖出挣钱的股票

描述：我对账户里的股票下跌感到很难过，我不能让自己亏本卖出。我对那些上涨的股票感觉很好，所以把它们卖了没有问题！

要养成的习惯：到了投资组合定期评定那天，我要卖出那些不再适合我或没有增长前景的股票，不管它们目前的价格相对于我买入的价格是什么样的水平。

偏见：＿＿＿＿＿＿＿＿＿＿＿＿＿＿＿＿＿＿＿＿＿＿＿＿＿＿

描述：＿＿＿＿＿＿＿＿＿＿＿＿＿＿＿＿＿＿＿＿＿＿＿＿＿＿

要养成的习惯：＿＿＿＿＿＿＿＿＿＿＿＿＿＿＿＿＿＿＿＿＿

偏见：＿＿＿＿＿＿＿＿＿＿＿＿＿＿＿＿＿＿＿＿＿＿＿＿＿＿

描述：＿＿＿＿＿＿＿＿＿＿＿＿＿＿＿＿＿＿＿＿＿＿＿＿＿＿

要养成的习惯：＿＿＿＿＿＿＿＿＿＿＿＿＿＿＿＿＿＿＿＿＿

偏见：＿＿＿＿＿＿＿＿＿＿＿＿＿＿＿＿＿＿＿＿＿＿＿＿＿＿

描述：＿＿＿＿＿＿＿＿＿＿＿＿＿＿＿＿＿＿＿＿＿＿＿＿＿＿

要养成的习惯：_____

第七步：关键要素

想想你的生活状况，以及你在前面的步骤中给出的答案。下面的问题将帮助你把注意力集中在如何更好地改善你现在的财务状况上。这可能是一种要养成的习惯，一项要完成的任务，或者是你想要拥有、经历或学习的东西。

不必列出详尽的清单。答案越简单，就越有可能实现。这一步的重点是把最多的精力投入到理财事务中最重要的一个方面。如果这是你采取的唯一行动，这将是一个有益的步骤。

哪一项成就会对你未来 12 个月的财务状况产生最积极的影响？

答案：_____

第八步：综合考虑——你的个人经济价值

你在人生的重要转折点上创造或引用的那句话就是对你特有的个人经济价值观的总结。这句话能让你的生活重心与执行关键目标的方式保持一致。它围绕你的优势而建，可能指引你做出财务决策。这也提醒你，当你面对不可预测的情况时，要把注意力集中在对你最重要的关键目标上。

你的个人经济价值观陈述能帮你避免做出对自己财务状况有负面影响的决策。有了它，你就会有信心，你的决策将把自己引向正确的方向。这句话虽然简短但意义重大。你可以把它打印在一张纸上，放在家里或办公室的桌子上。它时刻提醒你，你的目的和掌控之中的习惯是什么，这样才能推进目标的实现。

你可以按照下面的建议开始执行。一开始你可能没有勇气写下表明你个人经济价值观的那句话，可是一旦着手了，你就会发现这是水到渠成的。另外，记住，你可以随时改变，写下不完美的一句话也比什么都不写要好（现状偏见）。

首先，完成下面的陈述。要考虑到第四步中列出的关键价值观、第五步中列出的风险偏好，以及第二步中列出的关键目标。

● 我将通过（某行为）为（某人）而（做某事），以实现（某成就）。

你或许还希望使用自己的自由格式来陈述或者改编下列陈述中的某一句：

● 我认为成功的人生应该是……

● 为了实现最重要的事，我将……

● 我有信心自己会……

● 当财务决策有难度时，我始终可以依靠……

第五章

养成不带偏见
的习惯

关键点

《特种部队》(*G.I. Joe*) 系列动画之《真正的美国英雄》(*A Real American Hero*) 于 20 世纪 80 年代中期播出。这个备受欢迎的半小时节目讲述了一队精英士兵与邪恶的眼镜蛇组织 (Cobra) 之间的斗争,该组织试图统治世界。众所周知,每一集之后都会播放一则公益广告,广告中一名特种部队英雄会将一个与观众年龄相仿的孩子从麻烦中拯救出来。公益广告中的孩子发现自己陷入了诸如衣服着火、不假思索地跟陌生人走等场景中。在每一个案例中,特种部队士兵都能说出智慧的话语,告诉孩子们他们怎样做才能避免未来遭遇这类风险。孩子们总是回答说:"现在我们知道了!"然后这名特种部队士兵会表示认可说:"知道是成功的一半。"

然而,每个父母都明白,告诉孩子不要在街上和陌生人玩耍或者给孩子一些类似的合理建议,其作用是有限的。同样,你可能知道你每月应该存下更多的钱,量入为出,即使市场跌到令人沮丧的低点也要继续投资。然而,执行这些计划是很困难的。你可能计划减肥,但若是有人邀请你去城里新开的法国餐馆吃饭,你的减肥决心可能就动摇了。

在前面的内容中,你了解了带有偏见的认知过程是如何导致意外后果的。当你想降低风险的时候，偏见会导致你接受额外的风险，导致你坚持不再适合自己的计划，导致你卖掉自己成功的投资项目而不是继续持有，还会导致你犯下其他系统性错误。

既然你已经了解到偏见是如何以及何时影响了你的选择，你可能会认为自己不那么容易受影响了。可以理解的是，了解了偏见如何影响决策，让你有信心未来做出更好的决策。然而，如果你的信心让你相信了解情况足以防止这种情况再次发生，那么你就陷入了另一种偏见的陷阱，这种偏见有个恰当的名字：特种部队谬误。

要想免受这些偏见的影响，唯一的办法是养成新的习惯。要做到这一点，你需要知道什么习惯是有效的，以及当旧模式不可避免地出现时如何实施必要的保护措施。下面的内容概述了为达此目的你可以养成的切实可行的习惯。

第一个也是最关键的习惯：每当你要做重大财务决策时，都要参考自己的个人经济价值观。第二，同样重要的习惯：计划何时更改你的财务策略以及多久更改一次。时间就是一切。按照你的时间表解决你的财务问题，而不是在重大事件中被迫做出决定。

当你的投资和其他财务事务出现问题时，往往会引起你的注意。当你需要借钱、丢了工作，或者得到一笔意外之财时，你的注意力会突然转移到当前的关键问题上来。

在利率急剧上升、货币价值意外波动或股市波动变得令人无法忍受时，管理你的资金也变得紧迫起来。改变策略的最糟糕时机是在发生重大外部事件的时候。当你处于压力之下或者被恐惧、洋洋自得所左右时，升高的压力使你更容易受到偏见的影响并犯下系统性判断错误。

相反的做法——推迟财务决策——可能也是有害的。人们拖延财务决策的常用借口是没时间。然而，你总是可以为重要的事情腾出时间。一位客户说，感觉投资就像"假优先"。他意识到投资对他的财务成功至关重要，但他不知道从哪里开始，所以不愿意采取行动。这种情况听起来很熟悉，可能还是现状偏见在起作用。

当你有太多的选择或者你不确定追求什么最好时，推迟决策往往是一个令你感到舒服的做法。继续做你已经在做的事更容易，在很多情况下这意味着什么都不做。此外，总是有其他重要的问题分散你的注意力，使你无法面对那些复杂的或者耗时的问题。

制定理财时间表是一种有效管理财务的精明方法。安排特定的时间来处理关键决策将增加你在重要问题上的投入，尤其是要安排一些与专业顾问的会面。这样不仅会增加你完成理财任务的可能性，而且还能避免你在忙乱中做选择造成草率的决策错误。

要在理财时间表上确定你做财务决策的日期。这个日期是反复出现的，但不要太频繁，这样你就不会感到不堪重负，也不会频繁改变计划。你知道你的决策日期即将到来，这就会减轻处理重要问题的压力。如果这些问题突然出现，可能会让你感到惊讶。通过安排一个预知的日期来解决财务问题，你通常可以把其他事务性决策推迟到一个比较确定的时间来解决。此外，如果你设定特定的时间用于财务选择，这项工作就不太可能被忽视。

要设定一个每年回顾投资情况的日期。当你的情绪不太可能影响你的决定时，你就可以冷静地回顾你的目标了，你就不会在早间新闻中听到一则股市下跌的消息就轻率地改变投资策略了。与投资顾问会面时带上你写好的个人经济价值观，在改变计划之前再回顾一下。这样做是为了让你在做出改变之前想起未来目标，并确保所有改变都符合你的目标。

让选择与价值观、目标保持一致，这样就能减少一生中做决策的数量。很明显，你需要做的选择越少，判断错误的可能性就越小。如果你需要做 5 次选择，你最多选错 5 次。

你的选择越有效，需要改变的次数就越少。如果你始终坚持你的价值观和关键的长期目标，你就不会偏离正道太远。想象自己的终极目标并关注自己的个人经济价值观，这样做一定会减少前进道路上的曲折，并最终减少你要面对的决策数量。这并不意味着你不能有短期计划。这意味着与总体目标相符的决策让你持续向目标迈进。

例如，想象一下你的梦想是在 7 年内攒 75 000 美元，买套家庭度假房。你计划每月存入 600 美元，这意味着你需要大约 8% 的回报率才能实现目标。只有一种资产类别能够承担这样的重任，就是股票。然而，与其他资产相比，股票的波动性更大，这可能导致损失厌恶。当市场变得不稳定、偏离你的七年目标时，损失厌恶情绪可能会促使你考虑卖掉股票或停止继续投资。如果按照时间表中的决策日期制订了计划并承诺在下个决策日期之前保持不变，那么你就能更好地避免在危机中做出有偏见的决策。

你越是坚持这个过程，你的选择就越不容易导致令你后悔的结果。你要在冷静而专注的时候做决策，而不是在情绪激动的时候做决策。这将减少偏见、外部因素、不可控事件造成的影响。时间表让你按固定的时间做决策而不是在市场波动时突发奇想，时间表还确保了重要事项得到处理。掌握这个过程会让你受益良多。

外部事件可能会影响你，使你以适得其反的方式行事，阻止你实现你真正想实现的目标。如果你计划定期向一个妥善管理的、多元化的股票投资组合投钱，那么不管市场状况如何，你都要坚持投入。当短期情况令人不安时，坚持关键目标并不总是那么容易。不管当前的经济状况如何，股价较低时你投入的钱可以购买更多股票。你拥有的股票越多，随着股价上涨，你的财富增加得越多。

在上一章中，你花了大量的时间和精力去发现自己的潜在信念和对未来的梦想。你写下了自己擅长的技能，并列出了你想外包的专业技能。你考虑了一个关键问题：是什么阻碍你做重要的财务决策。此外，你确定了自己对风险的看法，这让你拥有了一个重要工具，你可以使用这个工具向金融专业人士描述你对波动的容忍度。

你已经发现了自己对于财富的潜在信念系统，阐明了前进所需的关键要素。你明确了自己的个人经济价值观，现在已经准备好行动了。

如果你已经决定不在食品储藏室里放巧克力来诱惑自己，那么你已经控制了自然偏见的影响。首先，你学会了避免特种部队谬误，了解情况并不足以带来有意义的改变。其次，有了定期的决策日期和坚持个人经济价值观，你知道如何以及何时处理财务问题最好。现在，通过定期的财务回顾和运用个人经济价值观，你可以在少犯判断错误的情况下实现财务目标了。

别从个人角度看问题

我们常常把偶然或无法预料的事情铭记在心。为过去不成功的决策辩护，从而缓解由此引发的情绪不适，这会让人感到心里好受些。后见之明偏见会引发后悔的感觉，让你认为自己本该预见到不可预测的事件，本该采取另一种行动。很多时候，你感到焦虑，因为你被迫坚持已经投入了时间或金钱的某些计划（沉没成本偏见），而这些计划已经不再符合你现在的需求或愿望了。还有，投资损失会造成痛苦，并促使你冒更高的风险，希望能把赔的钱赚回来（损失厌恶和盈亏平衡效应）。

虽然外部因素是随机的或不可预防的，但是它会影响你的感受。在没有规律时，你会倾向于看到规律，就像在赌徒谬误那节中讨论的那样。不可预测事件之所以不可预测是有原因的。你会倾向于为你所承担的风险和你所做的选择找到理由并得出结论，然而这些风险和选择其实是受到不可知的外部事件影响的。

当一家公司突然宣布并购其他公司时，你可能会感到非常兴奋，即使你与这条消息或由此导致的股价上涨并无任何关系。增加的价值也没有验证你投资决策的正确，因为此前这条信息是不可预知的。你的决策不可能是建立在这条信息基础上的，然而这种兴奋的感觉是很常见的。

虽然你无须为不可预知的信息负责，但意外事件仍然会让你感到兴奋或后悔。为了获得愉快的感觉，乐于为成功的决策负责是很自然的。当你的投资上涨时，人们很容易相信其中有自己的功劳，至少一定程度上是自己的功劳。对于负面事件，把糟糕的结果归咎于其他因素更容易让人接受。当一项投资的价值下降时，人们很容易拒绝对自己的投资决策负责，而把持有该投资的原因归咎于某件事或其他人。

良好的决策（指基于分析和研究的决策）以及糟糕的决策都可能导致赢利或亏损。然而，你越早意识到你无法控制随机事件，你就越愿意忽略投资组合的价格波动。你越早接受市场波动和价格变化与你无关的事实，你就越快乐。

重要的一点是，你要认识到：即使规律不存在，你也会自然地识别出规律，就好像这些事件是可预测的一样。随着变量的增多，未来结果的可预测性就会降低。人们对股票市场、外汇汇率、商品价格或者对经济的预测基本上是不可靠的。由于经济增长的普遍特征，长期经济趋势往往比短期趋势更加一致；然而，无限的可能性使得未来在很大程度上是不可知的。

你想要控制的正是这种不可知性，然而你无法做到。不要从个人角度看待随机事件和结果。它们跟你一点关系都没有。你只需负责做出深思熟虑的决策并减少判断错误。最好的选择是制订一个与你的个人经济价值观一致的、通往你想要的未来的计划，然后坚定不移地坚持这个计划。

量化你的回报

最近发生的事件和情绪化事件都会深深地印在你的记忆中。当你依靠回忆做决策时，由于近因效应和可得性偏见，你的决策会受到这些现成细节的过度影响。

你对经济大萧条、第二次世界大战、1999 年科技股泡沫、2008 年金融危机、2020 年新冠疫情等事件的记忆无疑会影响你未来的投资态度。如果你在这些动荡时期参与了经济或投资市场，你可能会想象当时怎么做才能规避损失，你会根据这些事件在头脑中思量今后应避免什么。

近因效应和可得性偏见使人们很容易忽视长期投资回报数据而只关注近期趋势。你可能记不起儿时从午睡中醒来的感觉，但你知道今天早上醒来时的感觉。我们在心理上倾向于依赖那些容易回忆起来的例子，认为这些例子与自己更相关。当市场像过山车一样下跌时，长期稳定表现的历史可能会被短暂波动所淹没。

人的记忆偏爱最近的或激动人心的信息，与其依赖记忆，不如在手边放一本账簿和一个计算器来跟踪你的投资回报，这样更可靠。一次简单的数字统计便可重新校准你的观点，并确保你获得一个基于事实的清晰画面。如果你认为目前的投资策略没有实现你的目标，波动性扭曲了你对长期投资回报的记忆，那就拿出计算器或打开电子表格，然后输入数字算一下。投资平台也能够提供你的投入、取款和业绩历史记录。

一个简单的方法就是做一个电子表格。在列的顶部标注出年份、起始值、投入和取款、期末值以及你的投资回报率，如表 5-1 所示。

表 5-1　量化回报表

年份	起始值	投入 / 取款	期末值	回报率（%）

为了减少感知扭曲，请使用相对的业绩数字（即回报率），而不要看增加了多少元钱。如果你认为回报最高的总是房地产而不是你的其他投资，那么请考虑一下这样一个事实：投资数额越大，赚的钱越多。虽然赚 5 万元似乎是不错的回报，但如果你的初始投资是 85 万元，那么 5 万元的回报率只有 5.88%。如果你在储蓄计划上投入的钱很少，那么虽然赚钱不多，但是 9% 的回报率却是相当高的。

此外，如果你是借钱购买，那么杠杆作用也会促进增长。借钱买入投资组合与借钱买房产生的效果是一样的。投资规模和房地产典型的杠杆作用都会让人觉得自己获得了更高的回报。

要抵制投资组合峰值对你的诱惑，注意避免锚定效应。峰值几乎是不可能被忘掉的。记住峰值可能会导致不必要的内心失望，尽管总体回报并不差。

除了计算税款，过去的价格是无关紧要的，你未来的投资机会与你的初始投资成本无关。虽然将赚多少钱确定为下一个目标很诱人，但当你知道自己获得了不错的回报时，你会更高兴。与其依赖对业绩的错误猜测，不如跟踪并计算你的回报率，从而确保你走在正确的道路上。

记录投资决策

> 我以前见过这种情况。油价下跌将导致加元贬值。
>
> ——匿名分析师

　　每个人都希望自己是对的。你甚至可能下意识地选择信息并搜索与你的观点一致的细节。你的偏见是更喜欢支持你的观点的细节，而忽略与你的观点矛盾的数据。很明显，尽管你的初衷是好的，但如果你过分依赖故事的某些方面，就会得出扭曲的观点。

　　想象一下，你的投资顾问建议你卖掉你长期持有的一家公司的股票，这是一家你喜欢的公司。她的建议是基于一份研究报告。阅读了这份报告后，你觉得情况可能并不像她预测的那么糟糕。你为这家公司辩解，还引用了你在该报告中找到的几条积极评论。然而，依靠选择性的信息来确认我们想要相信的东西，即证实偏见，可能会导致无利可图的决策，或者让你陷入不必要的风险之中。

　　保持开放的心态是不容易做到的。如果你能认同证实偏见，那你的情况就算好的了。避免这些偏见的最佳办法是把你的投资决定记录下来。在进行投资之前，列出投资的理由和不投资的理由。这样做将帮助你对这个机会有一个更清醒的认识。如果你投资了，请记下这笔投资为什么符合你的目标。这样如果经济状况发生变化，你就可以反思这个决定。如果在你投资后不久股价就下跌了，你可以通过回顾当初令你信服的投资理由来避免后见之明偏见带来的痛苦。

如果一项资产不再适合你，就应该卖掉它，不管你已经持有了多久，也不管你为它支付了多少钱。说起来容易做起来难，但是做笔记可以帮助你保持客观性。当你的投资理由恶化时，你能更好地洞察到，而不是根据价格变化或者根据赌徒谬误、损失厌恶、锚定效应引起的感觉来选择退出策略。

这个过程就像做笔记一样简单，然而，下面这些电子笔记选项可以使排序和检索数据的效率更高。第一，为每个条目注明日期，以备查阅。第二，你的笔记只记录关键因素，这样就不会因任务太繁重而停止做笔记。第三，请列出促使你处理掉一项投资的积极与消极动态。有了这三条信息，你的决策就会越来越公正。这将有助于减少你做出有偏见的或不必要的交易。

明天储蓄更多的力量

1998 年，一家中型制造公司邀请员工与一位财务规划师会面。这位财务规划师告诉每位员工，他们的储蓄远远不足，建议他们至少应该存下工资的 15%。大多数员工都感到震惊，并回应说这么高的储蓄比率是不可能的。从工资中扣除更多意味着他们无法支付目前的支出。然后这位顾问又建议员工将他们的储蓄比率提高 5%。四分之一的员工同意这个策略。对于那些仍然不同意的人，这位顾问提供了一个"明天储蓄更多"的选择。意思是未来他们的工资增加时，他们的储蓄比率也随之增加。绝大多数员工同意采用明天储蓄更多计划。

在这项研究期间，没与该理财专家见面的员工都没有改变他们的储蓄比率。最初同意将储蓄比率提高 5% 的人此后基本没有再提高储蓄比率。相比之下，同意与工资同步增加储蓄的人其储蓄比率比立即开始储蓄的人高出近 4%。

储蓄计划往往会招致有偏见的抵制。虽然你意识到储蓄会让你的未来有保障，但当储蓄削减了你今天的支出时，你仍然会感到失落。"明天储蓄更多"计划将储蓄推迟到未来的日期（这样让人更容易接受），就减少了人们对储蓄的心理抗拒，同时又保证了按时存款。该计划也不会削弱你目前的购买力，因为你还没有享受到加薪带来的购买力。

明天储蓄更多的另一种运用方式是每次加薪时都增加按揭贷款的还款额。即使增加的还款金额不大，但增加的每一分钱都将用于偿还未偿本金。你欠的本金越少，你的利息成本就越低，而且未来每次还款中的大部分会进一步减少你的欠款。

对于年轻人来说，经济独立的头几年是最困难的。然而，早存钱对你需要总共从收入中拿出多少钱储蓄有着至关重要的影响。你越早开始储蓄，未来需要存的钱就越少，这个差额大得惊人。从 20 岁开始每月存 100 元，如果回报率为 6%，到 65 岁时你将攒下 275 599 元。如果你推迟到 30 岁才开始存钱，65 岁时只能攒下 142 471 元。每月少存 100 元，10 年只相当于 1.2 万元。为了多得 133 128 元，这 1.2 万元是很小的代价！

与那些每月自动执行的储蓄计划相反，临时储蓄计划是很难成功执行的。损失厌恶会使你不愿意手动将钱转到储蓄计划中，而且如果你开始相信自己可以把握市场时机，你的过度自信和赌徒谬误也会阻碍你的策略，而且，当投资价格波动时，情绪会使人很难向某个计划投资。

自动储蓄计划比临时储蓄计划要好得多。对市场价格可变的投资进行定期投入，在一段时间内以不同的价格购买证券，可以降低整体成本。此外，按时投入减少了你的偏见对计划的干扰。首先，根据你的主要目标和个人经济价值观来制订储蓄计划。然后让这些精心设计的计划发挥作用。你参与日常财务决策的次数越少，你判断错误的可能性就越小，你所感受到的压力也就越小。制订计划吧。

自动储蓄计划的唯一改进之处是它可以由发工资的人直接代扣。一旦钱进入你个人银行账户，你可能就不愿意再放弃这种消费能力了，但是，拿到工资之前扣款的方式减少了损失厌恶情绪的影响。许多员工说：随着时间的推移，他们甚至注意不到扣款了。此外，直接扣款的储蓄计划可以帮助你推迟缴纳所得税。发工资的人直接向注册退休储蓄账户缴款的方式也可以减少发工资的人代扣的税款。这样你就有更多的钱用于投资。

一旦你的储蓄计划达到了临界值，存款就会因供款和投资回报而明显增长。由于存款增加，损失厌恶造成的感觉就会消退。过去的几十年里我看到的情况是：当客户的投资达到足够大的临界值并以明显的速度增长时，他们就从不情愿的储蓄者变成了热情的储蓄者。当你的投资组合增长的绝对数额变得显而易见时，损失感似乎就会逆转。

诺贝尔奖得主理查德·塞勒（Richard Thaler）和他的同事什洛莫·贝纳茨（Shlomo Benartzi）提出"明天储蓄更多"计划，这是一项重大发现。该计划考虑了我们自然偏见的关键方面。承诺将来做到自控是比较容易的。他们发现，不仅明天开始控制饮食更容易，而且人们也更倾向于承诺将来存钱。承诺一个不久后开始的储蓄计划比现在开始的储蓄计划更让人感到舒服。

谈判

> "我真不敢相信他们出这么低的价钱来买我们的房子！他们以为自己是谁？"
>
> ——一位多伦多房主

我们对自己拥有的东西估价很高，但我们却不愿意出这个价买它。人们倾向于保留自己拥有的东西，但若不是已经拥有的话，也未必会买。

在交易所交易的股票，其估值很容易看到。然而，当涉及非流动性资产时，由于禀赋效应，确定一个公平的价格就要难得多。第三方评估是减少这种分歧的一种方法。事实上，对于房地产这样的投资，在确定一项资产的价值时进行多次估值是值得的。

在资产交易谈判过程中，买卖双方都受到挂牌价和首次出价锚定值的影响。锚定值为所有谈判的最终价格奠定了基础。如果挂牌价或报价过高，或者首次出价过低，你最好一走了之，而不要试图通过反向的离谱回应来继续谈判。买卖双方的分歧越大，达成协议的可能性就越小。

如果你参与购买某物的谈判，你要知道你的首次出价是为了达到两个目的：一是将对方锚定在一个较低的价格，二是了解他们愿意在标价基础上做出多大的让步。你的首次出价必须足够合理，让对方觉得你是认真的，但又要足够低，这样才能达到上述目的。一旦你收到对方的还价，你就能更好地判断你们是否能在价格上达成一致。然后，你可以给出最后的，也是最好的价格。然而，讨价还价越多，你们中的一方就越有可能受到这个过程的影响并说服自己修改已决定的底价。受比例金钱效应的影响，小额讨价还价可能导致你接受你原本不愿接受的更大损失。

随便选一个

数量惊人的新员工忽视了聘用者提供的福利。造成这种现象的原因包括新工作太忙而无法完成工作以及不理解聘用者提供的选项。

如果你不知道应该为就业储蓄计划投入多少钱，那就用投掷飞镖的方法随便选一个，总比犹豫不决到最后什么都没选要好。即使你不喜欢你的决定，至少你的缴款已经开始，等以后你更好地理解了这些选项，你还可以做出新的选择。不要有压力非要做出完美的选择或利益最大化，尤其不要让压力阻碍你参加储蓄计划。尽快开始一个储蓄计划至关重要，因为你参加储蓄计划的时间和你的缴款金额一样重要，尤其在聘用者提供与你的缴款金额相匹配的资金或代你缴款的情况下。

如果你所在的公司提供与你的缴款金额相匹配的资金，通常会对你的缴款金额有限制。在没有令人信服的理由让你选择其他数额的情况下，请选择公司补贴最多的数额。不费吹灰之力就能赚到的钱越多越好。毫不费力就能得到的钱尽量多领，越早越好。

选择合适的投资策略是另一个延迟或阻碍投资的绊脚石。如果有一大堆选择让你眼花缭乱，请记住，做一个不太正确的决定总比什么都不做要好。如果你所供职的公司提供了投资本公司股票的机会，熟悉度偏见可能会影响你，使你选择买入本公司的股票。然而，你要知道，你目前的收入受到经济变化的影响，因为经济变化会影响你所在公司。如果你把自己的储蓄投资在你领工资的那家公司，你就是在集中风险。如果唯一的选择是购买你所供职的公司的股票，那么可以考虑在锁定期结束后将储蓄转投多元化的投资组合，但前提是转投时不需要缴纳大笔税款。

公司赞助的投资计划通常提供多种投资选择，如股票、债券、平衡型基金。你最好选择一只基金，而不是把它们组合在一起。将 50% 的投资分配给股票基金，50% 分配给平衡基金，意味着你的投资中有 75% 是股票，25% 是债券。这些基金中的每一只都已经是多元化的了，因此将你所有的资金投资于其中一只不会导致严重的错误。如果你不确定选择哪只基金，选择一只平衡型基金是一种温和的做法，相对来说适合大多数人。

如果你的投资时间很长，而且你可以耐心地度过整个经济周期的起起落落，那么投资于一只管理良好的、多元化的股票或一个股票投资组合可能是合适的。然而，如果你不久以后要用钱，那么保守一点通常是明智的。

开始储蓄计划比做出投资选择更为重要。当财务决策的前景令你害怕时，找一个你信任的专业人士来帮你做决策。不管怎样，投资任何数量的任何基金总比什么都不投要好。亨利·福特（Henry Ford）说："优柔寡断往往比错误的行动更糟糕。"他说得很对。

自动化、外包、时间表

花几分钟思考一下：是什么阻碍了你？你有什么理财技能？标出你可以自动完成、外包完成或安排提醒完成的项目。

有句谚语说："你认识的魔鬼总比你不认识的魔鬼好。"这句话解释了为什么人们更喜欢保持现状。变化带来的麻烦、调查新选项的辛苦以及备选方案的混乱可能会阻止你进行必要的改进。移动电话提供商定期调整他们提供的套餐，迎合不断变化的带宽和流量需求，从而保持市场竞争力。通常，新套餐更实惠，提供的服务更好，或者两者兼而有之。你最后一次查看你的手机套餐或调查其他运营商的套餐是什么时候？对许多人来说，那是几年前的事了，因为保持现有套餐不变要简单得多。

惰性是我们所有人固有的通病。即使是最积极的人，也有惰性。无论你是缺乏进取心，没兴趣，还是害怕行动错误，其实都是现状偏见在起作用。常用的借口会阻碍你获得你想要的成功。有多少次，你为自己没有抽出时间去做一些本来会有丰厚回报的事而自责？后见之明偏见让你产生后悔的感觉。

保持积极性的最佳方法之一是完全不靠自己。在数字时代，你可以让许多常规的财务决策自动化。你越频繁地干预和管理财务选择，你就越频繁地承受偏见决策和判断错误的风险。

在各种情况下尽可能使用技术。自动化是你可以利用的最直接的功能之一。在你意识到新流程存在之前，它们就被定期地设计出来并供你使用了。

通过在生活中建立机械结构，你可以简化很多任务。这样做还减少了持续的、乏味的维护工作，减少你的杂务，使你的思维从不必要的事务中解放出来。某些投资决策的自动化将会让你有更多时间，压力更小，并获得更好的财务结果。请考虑做一个时间表，根据这个时间表来再平衡投资组合、投资缴款、定期转账，并通过日历标注或执行交易的外部服务提供商来管理合同续签。例如，当你的汽车保险即将到期时，要么在你的日历上做个标注，要么让你的保险公司在其系统中设置为保险到期前一周给你打电话或发邮件，提醒你续保。

定期向投资计划缴款永远是最好的做法之一，你可以直接从公司的工资单中缴款，也可以设置定期电子缴款。设置为以电子方式生成投资缴款后，你无须再干预，这样就消除了你对投资缴款存有偏见的风险。就像服用感冒药一样，如果你想到它有多难喝，你可能明知有好处也不想喝了。

把你持有的每种类型投资的数量设置为自动重置，或者至少设置一个定期提醒，提醒你再平衡投资组合。这种策略被称为战术性资产配置。根据投资组合的波动性选择合理的再平衡频率。对于一个非常不稳定的投资组合来说，每个季度进行再平衡并不罕见。对于低波动性的投资，你可能只需每年或每半年对投资组合进行一次再平衡。你的记事本中必须注明你要分配给每项资产的金额、做任何变动的步骤、如何实施变动，以及做该变动的人员的联系信息。或者，确保你找的投资专业人士设置了一个自动化流程。

让固定开销自动化。大多数银行都提供定期付款和自动转账服务。建立一个固定开销账户，并在每个发薪日将这些钱转入该账户。然后，让所有的固定开销自动从这个账户中扣除。你会发现这样做符合你把钱分类的心理账户自然倾向。

对于不能完全自动化的操作，可以使用电子记事本来提醒自己完成任务所需的所有步骤。坚持使用一个电子系统，并且设置的内容要有选择性——只设置重复发生的事件和必要的任务。

不要为你今天不想完成的任务设置未来提醒，这是一个陷阱。如果你现在不想完成，可能将来也不想，这些任务会阻碍你的进程。

自动提醒要包含执行整个任务所需的所有步骤、资源和有用信息，这样你就不会因为要寻找其他细节而停滞不前。例如，如果你设置了一个与你的财务顾问会面做年度投资回顾的提醒，提醒的内容应包括该顾问的联系方式、在哪里停车、带什么材料去会面，以及要问的关键问题。当然，你要带上一份写好的个人经济价值观和一份投资政策声明。我们将在后面的章节中讨论投资政策声明。通过在自动提醒中包含这些细节，阻碍你完成任务的绊脚石就变少了。

外包是另一种选择。有些任务需要高级流程或专业知识。在这种情况下，聘请专业人士为你完成这些任务是值得考虑的。让专业人士去完成他们能高效完成的任务，他们受到偏见的影响也会比较小。这样财务流程可以执行得更快、更轻松，并且少受偏见的影响。你可以把省下的时间用在更复杂的问题上或用在休闲上。

别再检查自己的投资

总的来说人都是厌恶风险的。同样的金额，我们对损失的敏感程度是对收益的 2 倍。不幸的是，这也意味着失去 1 美元之痛几乎是获得 1 美元之乐的 2 倍。因此，当股价上涨的日子和下跌的日子一样多时，损失给我们带来的痛苦超过了收益给我们带来的享受，这样就很容易理解为什么那么多投资者不管股票的长期回报率多高都回避炒股。

自 1900 年以来，在全球 21 个国家，股票的投资回报率平均每年比国库券高出 4.2%，比市场加权债券投资组合高出 3.2%。然而，对一些投资者来说，持有股票的前景令人厌恶，因为股价的起起落落会让人产生恐惧和不满情绪。你越频繁地检查自己的投资，就越容易认为自己在节节败退，这是一种自然倾向。

有 2 种传统方法可以控制由股市波动产生的损失厌恶情绪。一种是将投资组合的一部分分散到与价格走势相反的（不相关的）证券中。当一种投资类别上涨而另一种下跌时，它们通常会相互平衡。这种多样化有效地消除了价格变化对投资组合的整体影响，减少了你所经历的价格波动。可以买入下跌的资产类别，同时买入上涨的资产类别，前提是你有足够的胆量来执行这种交易。

另一种方法是不再检查自己的投资。

频繁检查投资增加了你对价格变化和政治经济环境中其他微观事件的担心。你的投资增值时，你会感到些许轻松。你的投资贬值时，你找理由安慰自己，劝自己不要担心。损失越大，你的反应就会越情绪化。

更重要的是，担忧会导致苦恼，可能促使投资者进行不必要的交易。交易越频繁，交易费和买卖价差造成的损失就越大。此外，每次交易都会增加交易失误的概率，交易失误导致进一步的损失。然而，最重要的是，判断失误的风险之所以增高了，只是因为交易频率增加了。

回想一下处置效应，它是一种倾向，即过早地卖出赢利股票并持有亏损股票，希望亏损股票能回到先前的价值。出于缴税和赢利的原因，避免这种倾向会给你带来明显的好处。

损失厌恶、过度自信、处置效应和其他行为偏见造成的情绪反应会导致交易次数增加。经常检查自己的投资将会导致：

- 惊慌，从而导致卖出；

- 怀疑，从而买入或卖出；

- 恐惧，从而导致停止缴款；

- 焦虑，从而导致不必要的交易；

- 交易，从而增加了出错的可能性。

自 1930 年以来的每一个 10 年，如果错过了市场最好的 10 天，那么你的总收益将只有 91%。相比之下，如果在这期间投资保持不动，将产生 14 962% 的收益。

别再检查自己的投资，这话听起来好像不合常理。这种策略并不意味着让你的资产像一座被遗忘的古堡，古堡的沙发上覆盖着落满灰尘的棉布罩，吊灯上挂着蜘蛛网。有了专业管理之下的投资解决方案，每年评估一次自己的投资应该就足够了。

从数学上讲，投资报告之间的间隔越长，报告显示的回报率就越平稳。如果你每 10 年关注一次大盘指数，你可能会平静地注意到，每次你关注时，其上涨幅度都令人欣慰。在这段时间里，如果不看每天的市场新闻，你可能根本感觉不到任何让人担心的理由。回过头来看，即使是当时被报道为一场灾难的 2008 年金融危机，那也只是股市上涨过程中的一个小插曲而已。

人们在决定养老基金中股票和债券的分配比例时，看到 1 年和 5 年回报率的人选择股票的比例往往高于看到月度回报率的人。投资者每月查看他们的投资报告，当然会发现经常出现亏损，因为这是股票投资的特点。较大的波动性使人们对股票投资望而却步。

通过衡量投资者对股市波动的损失厌恶程度，研究者建议投资者检查自己的股票投资组合的频率不应该超过每年 1 次。他们发现，即使是长期投资者也会频繁地检查自己的投资组合，这对他们是不利的。研究者认为，每年 1 次是比较自然的报告投资回报率的周期。毕竟，我们已经习惯了每年 1 次的纳税申报，可能这也是你回顾投资业绩的时候。

假设你是个厌恶风险的投资者。不那么频繁地检查你的投资组合可以让你做波动性较大的投资，获得更好的回报，因为你会认为波动性不那么可怕。即使是厌恶风险的投资者，如果他们不那么频繁地查看自己的投资，他们也会更愿意在投资组合中增加股票的占比。因此，少检查你的投资组合可能会让你伤感更少、压力更小、业绩更好。

此外，你还可以避免处置效应带来的税务问题和不合常理的损失。推迟缴纳资本利得税可以让更多资金留在手中，而且赢利的股票往往会持续跑赢大盘。

建立投资约束

科琳：

你好，又到了注册退休储蓄计划时间。我的会计师建议我增加缴款，但去年我注册退休储蓄计划中的股票表现不太好。相比之下，我的租金一直在上涨。我想知道您认为明年会怎样，我是偿还出租房产的抵押贷款更有意义，还是增加注册退休储蓄计划的缴款更有意义。

　　谢谢！

约翰

＊　＊　＊

约翰：

　　你好，这个问题问得好。你是房地产经纪人，收入高，因此你是按最高边际税率纳税的。在这个税率下，你存入注册退休储蓄计划的加之中大约有一半原本是要交给加拿大税务局的。你投资的每一块加元中只有 50 加分是你的，另外 50 加分你不投资就要交给加拿大税务局。你可以选择现在把钱交给税务局，也可以选择先把钱用于投资，一段时间以后再给他们。可以认为注册退休储蓄计划一定程度上是加拿大政府提供的无息贷款，让你在退休前赚取额外的投资收入。

　　此外，请记住，货币的价值每年都在降低，因为生活成本每年都在增加，随着时间的推移，货币的购买力在贬值。因此，你今天缴 1 加元的税比你将来缴 1 加元的税要贵，而且，你退了休就没有了工资收入，那时候你的税率可能会更低。

偿还抵押贷款的钱是税后的钱，这意味着你将只有大约一半的钱存入你的注册退休储蓄计划。此外，减少抵押贷款的好处仅限于利率太高时，而现在利率很低。

在不同的时间里，资本市场和房地产市场都会波动。波动的原因一是受业务增长的驱动，二是受利率影响。然而，从历史上看，股票的长期表现优于房地产，即便是在最近的房地产繁荣期间也是如此。

总而言之，我支持你的会计师。

谨致问候。

科琳

***

投资者倾向于增持他们熟悉的投资，有时只是出于他们的个人经验和舒适程度，这样做是人之常情。仅因为使用一家公司的产品而购买该公司的股票，这种现象比你想象的要普遍得多。例如，如果你一生中大部分时间都在金融业工作，你会倾向于增持银行股，这是因为你受到了熟悉度偏见的影响。同样，本土偏好也会让你倾向于在自己的地区或国家进行投资。

上面电子邮件的发件人是房地产经纪人约翰。如果按照自己的投资政策声明贯彻了多样化的指导方针，他将会受益。我们将在下文中共同构建投资政策声明。这一步将有助于避免熟悉度偏见。

坚持你的计划

> "人人都在买黄金股。这肯定是有原因的。"
>
> ——某位有偏见的投资者

受到从众心理的影响，投资者有时会模仿其他投资者的行为。听信商业新闻主播、网红的话，甚至在机场打车时听信一个看似知识渊博的司机的话，这并不是什么新鲜事。你可能会发现自己正在考虑他们说的那些机会，这是因为可得性偏见在起作用。然而，一旦你相信这是一个不错的想法，你还会受证实偏见影响去为其寻求确凿的证据。我们有一种自然倾向，即寻找证据来支持一个投资想法，而不是质疑这个想法。

你有没有想过，如果某项投资对巴菲特这种著名成功投资者来说足够好，那么对你来说是否也足够好呢？或者，某个人谈起石油股头头是道，你是否受到他的启发开始在你的投资组合中增加了石油股呢？这些常见的偏见会让你偏离正道。即使是好的投资想法，也会发生改变。巴菲特在出售他在访谈中提及的证券之前不会先给你打个电话。

确定你打算做的投资须具备什么样的品质和标准。你应在投资策略中增加一些约束，这样就可以少做与你个人经济价值观不符的不合适的投资选择。

重新框架决策

> "ABC 公司财报显示每股收益为 1.18 元，而预期收益仅为 1.03 元。盈利超预期 18%，真是太棒了！"
>
> ——某新闻播音员

信息的传递会影响我们的感觉并最终影响我们的行为。如果一家公司宣布每股收益为 3.87 分，这无疑是一个利好消息。但如果得知该公司去年每股收益为 4.85 元，我们的情绪又会如何变化呢？

什么时候赢才算赢？

当市场参与者还没有预料到这个利好消息，还没有在证券交易价格中反映出来的时候。

当然，推销宣传从不承认产品的缺点。你永远也不会知道这款洗碗机用洗涤剂清洁某些类型的洗碗机中并不好用。其销售策略旨在用产品好的方面征服消费者。作为消费者，我们已经对这种销售策略习以为常。尽管如此，我们中有些人受证实偏见影响，仍然非常乐意让好消息的洪流淹没我们，导致我们会去超市买上一包该洗涤剂。

在检查投资选择时，框架会影响你看待选择的方式。推销宣传可能会迎合你的渴望，随随便便就把缺点省略了。20% 的盈利可能性要比 80% 的亏损可能性动听得多。更复杂的是，研究发现，老年人可能更容易受到框架效应的影响，因为他们的情感框架已经发展成熟，对财务损益的反应也很直接。

把事情掌握在自己手中是很有意义的。对于听起来不错的重大决策，请考虑为其写一份长度相等的利弊清单来帮你校准自己的观点。你还可以在做决策之前写一篇反推销演讲，突出利弊对比。例如，假设某个投资组合有 40% 的机会增长 12%。你也可以指出，这个投资组合有 60% 的机会回报率低于 12%，还可能会贬值。当你发现自己的情绪过度高涨时，在投资之前请先浇灭兴奋的火苗。

投资选择本身可能是无害的。避免后悔的最好方法是做选择时睁大眼睛，看清这项投资的弊端。

人多不安全

> "我用游戏驿站（GameStop）① 的利润还清了妈妈的房贷"
>
> ——一条随机推文内容

① 游戏驿站（GameStop）是全球规模最大的电视游戏和娱乐软件零售业公司，总部位于美国得克萨斯州。——译者注

人多更安全是一个普遍原则，即如果大家都在这么做，那可能就是正确的。羚羊在穿越到处是兽群的平原时能否存活完全是靠这条原则。追随群体感觉像是避免投资决策失误的好方法。毕竟，如果别人都这么做，那肯定是对的。然而，在投资中，这种传统智慧往往会让人付出代价。

具有讽刺意味的是，随着某项投资的吸引力增大，其价格会上涨，其潜在利润会减少。尽管事实如此，投资者还是不得不加入其他投资者的成功行列。其他投资者获得的利润越大，这个想法就越有吸引力，对你来说却是利润越低、风险越大。

如果你没有足够早地参与某项投资，从众的社会吸引力就会让你付出经济代价。时机很重要，如果该投资已经很受欢迎，那么你参与得就太晚了。比如，当热门博客或时事网站推荐某只股票时，它们通常不会建议以特定的价格买入。它们只是推荐而已。然而，同样是买入一家好公司的股票，以合理的价格买入显然比以高得多的价格买入要好。

保持严格的独立性并不像听起来那样难或那样耗时。在购买任何价格可变的资产类别时，关键是要知道你能接受的相对价值是多少，以及什么时候价格不再合理。让你的基本信念成为投资决策的基础，就可以消除不断变化的群体心态引发的压力。

别管是从哪里来的钱

"我宁愿每年退税，也不愿欠加拿大税务局的税！"

——一个婴儿潮时期[①] 出生的加拿大人

心理账户是把钱分类的过程。我们通常根据资金是如何获得的和打算如何使用来分配，这样做很自然。例如，如果你用银行账户、信封或玻璃罐为住房开销留出资金，你就是在利用这种自然倾向。事实上，这是一种有效的预算策略。通过先留出必要的固定支出，你可以更容易地跟踪可自由支配支出的剩余金额。

你这样做的时候，请为你个人经济价值观中的重要目标设立账户并设置自动储蓄。如果你定期为这些目标提供资金，就更有可能实现目标。

由于心理账户是有黏性的，所以要注意限制使用心理账户，而且要限制分配给每个账户的钱数。一旦你将资金指定为特定用途，重新分配就不像你想象的那么简单了。你的自然倾向是教条地将钱与你制订的计划捆绑在一起，而这些钱本可以更好地用于更有价值的目标。当然，度假是一个重要的目标，但如果你把钱用于偿还意外的信用卡债务而不是把钱留在银行账户中或写着度

---

① 加拿大的婴儿潮时期指 1946—1965 年。——编者注

假储蓄的信封里，那么你可以节省大量的利息成本。然而，支付已经消耗掉的费用不会有很大的满足感——肯定不如为不久后可享受的东西预留资金有满足感。此外，你可能会有一种感觉，即一旦偿还了之前的债务，钱就没了，认为旅行计划要泡汤了。然而，无论你是还清债务还是将资金存放在单独的账户中，在一天结束时，有同样多的钱可供你使用。

我们通常会将意外之财分配到可自由支配款项中，让工作收入来承担日常支出的重担。对于工作挣来的钱，我们的感觉往往与意外之财不同。我们习惯上认为不同来源的钱不一样，但事实上钱都一样。具有讽刺意味的是，平等使用不同来源的钱是不自然的。把工作收入用在日常支出上并把意外之财用在额外支出上，这种逻辑是没有根据的，因为钱可以用在任何需要的地方。钱是可以互换的。别在乎钱从哪里来，也别在乎钱花在什么地方。你不应该在乎这些。

与其将意外之财用在可自由支配款项并把工作收入用在必要的支出上，不如考虑把钱花在能给你带来最大好处的地方。这样你就能更轻松地支付必要的费用，你会获得意外的满足感，减少利息成本和压力。你欠的钱越少、支付的利息越少，你就可以从工资单或意外之财中保留的钱就越多。

每个月先留出你需要固定支出的钱和实现第四章中设定的关键目标的钱，首先确定这些支出的数量。把你得到的任何钱首先用于履行这些义务。然后，当你再得到更多钱时，不管什么来源，都可以自由地花掉或存起来。

起草个人投资政策声明（IPS）

弗吉尼亚·阿普加（Virginia Apgar）1933 年毕业于哥伦比亚大学医学院。在获得一系列认证后，她成为该医学院第一位麻醉学教授，并最终成为哥伦比亚长老教会医学中心（Columbia-Presbyterian Medical Center）的麻醉科主任。她在新生儿治疗方面的兴趣促进了一个标准化过程的发展，该标准化过程能够确定新生儿是否需要额外的医疗护理。她的检查清单包括评估新生儿的心率、肌肉张力和其他简单但重要的指标。如今，许多发达国家都在使用阿普加测试。该测试已成为评估新生儿生存能力的重要工具。

阿图·葛文德（Atul Gawande）是纽约的一名外科医生，也是哈佛医学院的教授，他还有其他一些称号。他出版的《清单革命》（*Checklist Manifesto, How to Get Things Right*）讨论了在实施关键或复杂任务的过程中采用标准化（比如检查清单）减少人为错误的好处。这本书成了《纽约时报》精装非小说类畅销书。

阿普加测试和著名的《清单宣言》大获成功，证明了清单能有效增加预期结果的一致性。

投资政策声明是你财务健康最重要的检查清单。它是一套指导你投资决策的书面指南。它提供了与你的个人经济价值观一致的投资决策方法。它也是一种有效的工具，使你能与投资及其他金融专业人士交流你的偏好。起草投资政策声明对于确保信息明确以及决策的一致性至关重要。当市场条件和其他因素激发了有偏见的、情绪化的决策时，这份书面文件可以抵消随机事件的影响并指导你应对变数。投资政策声明也可以作为一个衡量标准来监控和评估你实现财务目标的进度。

你可以把投资政策声明想象成一个关于你的财富的决策计划。它陈述了你的风险承受能力、投资期以及其他关于你财务目标的事实。你还可以写下自己的投资理念，列出评估投资机会所依赖的流程，并列出始终适用于你投资决策的约束。

知道自己想要什么和知道自己不想要什么同样重要。写一份投资政策声明将在你的财务健康中发挥重要作用，该文件以一种切实可行的方式维护你的目标。你的投资政策声明决定了你将来要做什么和不做什么。面对一个交易决策时，你的偏见会诱使你采取行动，这时候遵循你的投资政策声明将有助于你规避令人遗憾的偏见。

现在是你制定决策指导方针的理想时机，同时你应该将自己的目标和目的放在首位。在继续之前，请回顾一下你在第四章 8 个步骤中的答案，以确定你的弱点、价值观和风险承受能力。此外，请记住，你可以根据自己的目标来调整下面的投资政策声明工作表。请根据自己的情况随意添加或更改任何部分。

你的个人投资政策声明

姓名： 日期：

个人经济价值观：

插入第四章的个人使命陈述。这将定义你的价值观并驱动你未来的投资目标和决策。

背景：

在本部分中，请列出你的年龄、收入、现有资产和类型。描述你的投资经历。这是你目前状况的快照。如果你是任何上市公司的内部人士或持有控股权，请将这些公司写下来，以便与你的投资专业顾问沟通。

投资目标：

回顾第四章第二步，你如何看待自己？你想挣多少钱？你想做什么工作？你想获得什么？根据那个清单，考虑与这些目标相关的储蓄策略。确定何时以及如何获得并保有实现这些目标所需的资产。例如，如果你想在 7 年内退休，确定你需要储蓄的金额和你需要的回报率，以便了解你实现这些目标所需的投资类型。

描述你为了实现每一个目标，需要在储蓄和投资方面做什么。你可能还想包括你的预期目标收益。理财规划师或投资专业人士可以帮助你预测这些数字，并指导你完成这个过程。

完成下面建议的所有声明，你自己也可以再添加一些内容。

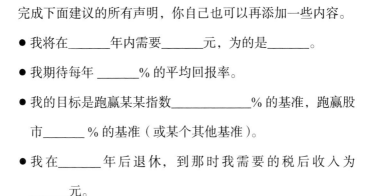

- 我将在_____年内需要_____元，为的是_____。

- 我期待每年 _____% 的平均回报率。

- 我的目标是跑赢某某指数_____% 的基准，跑赢股市_____% 的基准（或某个其他基准）。

- 我在_____年后退休，到那时我需要的税后收入为_____元。

- 我希望在整个市场周期中以波动为代价实现投资增值。

- 我更喜欢让自己的投资稳步增值，让高点较低，让低点较高。

投资期：

根据第四章第二步，为你的每个财务目标建立时间线。你是否需要在特定的日期为某些活动和经历提供资金？你什么时候退休，什么时候求学（或送你的儿孙上学），或者什么时候因其他事情需要动用存款？你是长期投资，还是只打算投几年？

通过了解自己的投资期，你可以确定哪些类型的投资最适合你。如果短时间内你需要用到大量存款，那么波动性投资可能风险太大，但是如果你能等几年，那么波动性投资会带来更好的回报。同样，你也可以把投资到期时间安排在特定日期，以配合必要的提款，或者错开到期日，使投资到期时间不同。下面是帮你确定具体投资时间框架的几点建议。

- 我预计至少在_____年内不会从我的储蓄计划中取钱。

- 我可以做投资期不超过_____的投资。

- 我必须把投资组合中的_____%用于可获取的投资。

风险承受能力：

在第四章第五步中你描述了风险对你来说意味着什么以及你准备承受多大的风险。回顾第二章风险承受能力可能会因你最近和过去的财务经历而发生改变。确定风险承受能力有助于提醒自己要有长远的眼光，而不是在波动加剧时或在重大盈亏后改变自己的感觉并产生偏见。

将你的风险承受能力声明添加到投资政策声明中，包括波动让你感到舒适还是不适。描述一下你能忍受什么，不能忍受什么，是什么让你失眠，或者哪种情况会影响你，使你在错误的时间改变投资策略。你可以列出任何与你有关的具体问题。

- 我把自己的风险承受能力描述为_____。

- 我可以承受的市场波动周期是_____。

- 我最担心的是_____。

- 我一般不关心_____。

投资策略：

回顾一下第四章第四步中你对金钱的信念并找出那些与你未来如何投资有关的信念。在投资政策声明的这个部分中，请将你的投资策略描述为一种哲学。这部分旨在提供一个概述，概述你希望自己的投资取得何种业绩，以及你将具体做些什么来实现这个结果。

请介绍一下你的总体投资策略，比如你是侧重于价值投资策略，还是侧重动量投资策略和成长投资策略。你可能想采用被动的投资策略，选择并持有低成本、大盘交易所交易基金（ETF）。或者，你可能有完全不同的想法，比如选择环境敏感型或社会意识型投资。你也可以写出你使用或避免使用杠杆的愿望。任何关于你想如何增加财富的说明都可以写进去。你甚至可以描述你采用该方法的原因，因为如果将来你被另一种方法所吸引，回顾一下你的描述会使你更容易坚持你的方法。

接下来将介绍几种对你有帮助的投资策略。读了这部分内容之后，你可能会想更新自己的投资政策声明，从而增加或修改你的策略。

你可能会决定聘请一位职业经理人来掌管公司。在这种情况下，本节将帮助你选择类似职业经理人的专业顾问。

资产配置：

你分配给各种资产类别的数量是由多种因素决定的，其中包括以下因素：

- 你想要的投资增长速度；

- 你允许自己的投资在市场上波动多长时间；

- 你接受波动的意愿和能力；

- 你想保持可用的现金数量；

● 你何时需要动用存款。

你可以使用表 5-2 来概述每个资产类别要保持的最小、最大和目标金额。例如，你可能会觉得以现金的形式持有 10% 的可投资资产是谨慎的做法，或者你可能会觉得持有现金是浪费机会。你可以在表 5-2 中设定这些限制条件。

表 5-2　资产差别表

资产	最小（%）	最大（%）	目标（%）
现金			
固定收益（债券）			
加拿大股票			
美国股票			
其他			

获准证券与决策：

通过在投资政策声明中设置特定的安全约束和决策流程，你可以避开陷阱并避免在舒适区外投资引起的后悔。你可以决定限制某些公司或行业，如石油和天然气生产商，或通过将最低市值设定为 10 亿美元以上将投资限定于流动性大的公司。你也可以决定增加一些指导方针，限定高风险期权在总投资中的最大百分比。请在此部分中指定任何约束、限制和你想避免的决策。下面这些句子只是带你入门的例子。只要你觉得对你有好处的地方，要尽可能地描述精确。

- 我只想持有_____的投资。

- 我只会投资那些让我感觉_____的机会。

- 所有债券的信用评级最低不能低于_____。

- 一家发行机构发行的证券最多不得超过我投资组合的_____%。

- 金融衍生工具可用于_____，但不得超过我投资组合的_____%。

- 我只投资贝塔系数为_____或更低的低 / 中 / 高价格波动率期权。

- 我不会对价值下降的投资进行摊低成本。

投资组合监控和再平衡频率：

本章前面介绍了投资者过于频繁地检查他们的投资会造成问题。有计划地按时再平衡和检查投资，有可能减少焦虑并限制频繁交易的影响。例如，你决定每 3 个月重置一次你的资产配置，这被称为季度战术资产配置。或者，如果你买了管理基金或交易所交易基金，你可能更喜欢每年处理一次。

如果你的投资由专业人士管理，由他们管理所有日常决策，那么你检查投资的必要性将大大减少。不管怎样，你都可以根据自己的情况确定合适的频率。

- 一般情况下，我打算在一个职位上至少工作_____年。

- 我的目标是每年_____% 的周转率。

● 我每年审查自己的投资不超过＿＿＿＿＿＿次。

完成投资政策声明的每个部分后，请将其保存在便于查阅的地方并经常查阅。

我早就知道

一个事件发生之后，其结果可能看起来显而易见。回想起来，某些迹象似乎预示了最终结果，而与之矛盾的事实很容易被忽视，被认为不相关。你甚至可能倾向于认为：如果自己早看出这些迹象，就可以抓住那次机会了。如果当时出手就好了！

后见之明偏见会导致记忆扭曲和后悔。这种"千里眼"的感觉也可能导致你对自己预测未来事件能力的过度自信，因为你觉得自己过去差点就预测成功了。在市场调整发生后，感觉自己本可以预测到这次调整会让你感到非常失望。然而，如果你感觉下次调整出现时你能发现，这种感觉会影响你，使你随着市价的涨跌而惶惶不可终日。有时，这种感觉可能促使你退出市场，因为你预测价格会发生大跌，结果并没有跌，而你却错失了投资收益。

抛开情绪上的感觉，股票价格上涨的频率比下跌的频率要高得多。无论如何，危险的感觉会让你在场外观望，而不是继续投资，还会诱使你突然缩短投资期限，而你最初可能计划投资 5 到 10 年。如果你原计划投资几十年，却在一两年后退出市场，你会无意中增加投资表现不佳甚至永久性资本损失的风险。市场是不可预测的，但从长期来看，通常呈上升趋势。如果投资市场的下跌是可预测的，那么没有哪个投资者买入证券的价格会高于市场下跌后的最低价。

如果你需要改变你的投资策略，最好的时机是在投资市场平静而且你这样做没有紧迫感的时候。把投资期作为一个书面政策写入你的投资政策声明是最好的做法。然后，最好谨慎地将你的计划与时间线挂钩，不要受到情绪或偏见的影响。也许在你计划退休之前还有很多年，或者你离买一处房产只有 3 年的时间。无论你的投资期是多长时间，都要把它写下来并坚持下去。

对于意图良好的财务决策，没有什么比后见之明偏见更有害了。"本可以""本来能""本该"，内心喋喋不休的唠叨摧毁信心的速度比袋獾撕碎红格子野餐桌布还要快。

只需写下投资决策的依据，你的投资就有了更高水平的可解释性，这是靠直觉无法做到的。这样做减缓了决策过程，让你有机会更有效地评估你的选择。写下你的投资理由会让你停下来以一种更谨慎的方式思考当前的决定。当你放慢决策过程时，你就能考虑到自己的长期目标了。

无论你是自己管理投资还是请专业顾问管理，在投资政策声明中列出做决策依据的标准是很有帮助的。例如，你可能只想持有具备特定特征的投资，如派息型或低波动性（贝塔系数）的投资。你可以提醒自己，在整个市场下跌时出售合适的投资不是你的投资策略，不要在乎你在波动期间的感受。你可能还会指出，投机并不是实现目标的合适策略——尽管投机性投资听起来那么诱人。第四章第四步中讲到的对金钱的信念有助于确定哪些投资适合你，哪些不适合你。

无论你在投资政策声明中写了什么，约束写得简洁些才有用。约束写得越复杂，采用的可能性就越小。

及时止损

摊低成本的想法是指以较低的价格买入更多你已经持有的股票，目标是降低总体平均成本。虽然买入更多股票可能会降低你所持有股票的总成本，但这样做永远不会把你的成本降低到该股票的当前价格。那是不可能做到的。

摊低成本策略的理由是由于投资过去的交易价格较高（你以那个价格买入），因此以更低的价格买入更多股票将使实现盈亏平衡所需的涨幅更小。这种错误的想法类似于第二章的盈亏平衡效应。如果你觉得该投资确实是一个理想的策略，而其他人都错了，那么买入更多股票是有道理的。但如果你想要挽回之前的损失，你所做的事情就是把更多的钱投资到已经贬值的东西上。买错之后再买更多，会带来额外的麻烦，那就是你拥有了更多你不想要的投资。考虑到该投资已经贬值，其前景可能不太乐观。由于锚定效应，先前较高的价格使你倾向于相信该资产可以回到那个价格水平，即便没有经济证据支持你这种结论。

被不可挽回的损失左右是一种难以抗拒的自然倾向。如果你曾不情愿地参加过一个活动，只因你已经买了票，那么你就受到了沉没成本偏见的影响。如果某件事与你的未来不再相关，我们就应该放弃过去的花费或损失。然而，在很多情况下，这是很难做到的。当你已经投入了大量资金时，即使增加更多的资金已经没有意义了，你也倾向于继续投资。放弃花出去的钱会让人产生失落、内疚、后悔的感觉，我们通过买错之后再买更多的做法来消除这种感觉。

你为一项投资付出了什么或者你已经投入了多少钱都不重要。如果该投资不再符合你的投资政策声明，就应该卖掉它。当你决定投资你已经拥有的东西时，要确保该投资是一个全新的投资机会。在投入更多资金之前，将每笔投资（甚至包括你已经持有的投资）与所有其他投资机会进行比较。这是对你投资决策标准的一个重要补充，可以添加到你的投资政策声明中。

树长不到天上去

近因效应会用此时此地的紧迫感排挤过去的经验。我们很容易陷入新闻报道、当前风险和当前资本市场模式的节奏中。你会认为现在发生的事情很可能会在未来继续发生，或者至少在接下来一段时间里继续发生。毕竟，现在发生的事情是相关的。

表 5-3 显示了 1900—2015 年各类资产的实际回报率。表中的回报率是根据 115 年间的平均通货膨胀率调整过的。

表 5-3　各类资产的实际回报率（已根据通货膨胀率做了调整）

加拿大股票 7%	美国股票 8.3%	加拿大债券 2.8%
美国债券 2.5%	美国国库券 1%	美国房产 0.5%
艺术品 3%	邮票 3.5%	葡萄酒 6.7%
小提琴 5.7%	黄金 1.8%	白银 2.4%
钻石 1%		

（数据来源：Chambers & Dimson，2017）

如果你最近的经历与这些长期回报大不相同，你可能会质疑这些数据的准确性。你可能想说时代变了，或者想说这些长期的结果并不代表当前的机会。近因偏见让你根据当前信息而不是从更长的历史角度看待你的前景。

这张根据通货膨胀率调整后的长期平均值表为判断当前数据是可持续的还是暂时的提供了一个可靠的衡量标准。依靠短期历史来预测未来是危险的。请用长期趋势数据来评估你的预期，去年表现最好的今年未必表现好。

例如，当代投资者根据最近的经验，有时会高估房地产的回报率，认为房地产是一种非常好的资产类别，但有很长一段时间股票的表现明显优于房地产。当然股票也会出现短期表现不佳的情况。然而，总的来看，房地产升值的回报率甚至比债券还低。

尽管有价格表现作为证据，但人们仍有理由认为房地产增长速度似乎快于其他资产类别。首先，对我们大多数人来说，房地产是我们一生中最大的投资。直白点说，那是一大笔钱。一套价值100万美元的房产，10年间每年回报率为2.5%，你将获得280 084美元的利润。与5万美元的股票投资组合同期回报率8.3%对比一下。你只投入了5万美元，却产生了110 982美元的利润。家庭在住房上的投资往往远大于股票投资。因为你不能住在股票投资中啊！

然而，假如你在2002年以56万美元的价格购买一套房子，2021年以165万美元的价格出售了这套房子。你可能会认为自己很棒，赚了一百多万美元。然而，你的复合回报率只有5.85%。如果你在股票市场投资56万美元20年，你的收益会更高。

其次，由于买房需要大量资金，大多数人都利用杠杆效应进行投资。大多数家庭需要靠抵押贷款来买房。假设100万美元的房子你的首付占25%，剩下的房款用贷款支付。在这种情况下，100万美元以2.5%的回报率增值，你的25万美元投资实际上在10年内翻了一番。如果你把同样的25万美元投资到股票投资组合中，再借75万美元，总共投资100万美元，你的利润同样会更高。

　　房地产不仅是一种投资，它还提供了额外的好处，它能减少你的租金成本，因为你可以住在自己买的房子里。如果你把首付款投资到股票市场，你仍然需要有个地方住。在加拿大投资住宅的另一个好处是你的主要住宅是免增值税的。而在美国，抵押贷款利息通常可以抵税。这些都是投资房地产重要的税收优势。

　　投资房地产的缺点是其流动性不如公开交易的股票、债券和交易所交易基金。然而，这种非流动性可能有利于对抗偏见。除非你在考虑卖房，否则你可能只在每年收到政府财产税评估时考虑一次你的房子值多少钱。正如本章前面所讨论的那样，过于频繁地检查你的投资你会产生情绪化的反应，导致你在错误的时间交易你的资产。房地产天然的流动性差迫使你忘记房子的价值每天在变化。此外，当年度评估显示你家房子的价值在下降时，你不太可能因为担心价值继续下跌而突然挂牌出售房子。你必须住在某个地方，而其他房产的价值很可能也在下跌，在所有房产的价格都在下跌的时候出售房子是没有意义的。

　　看到各类资产的长期回报率，我们会清醒地认识到资产的涨幅通常大于跌幅。人们很容易被交易模式偏好和资产类别偏好所诱惑，然而，重新校准将为你提供更客观的观点，帮助你获得最佳投资机会。

在缺乏研究的情况下

> "他们提供的服务总是很好，他们的产品质量很高。他们的股票是很好的投资对象！"
>
> ——一位有偏见的投资者
>
> "我再也不买优先股了。买这种股票只会赔钱！"
>
> ——一个不幸的潜在客户的一己之见

传统的投资方法是依靠你过去的经验，根据过去的实例或类似的决策来考虑未来投资的优劣。然而，正如第一章所述，我们往往高估了运用这些实例和经验法则的价值。

我们认为的事物之间相似性往往大于实际情况。我们从类似的例子或过去的经历中得出推论。比如，人们很容易根据一项投资的名称就得出结论。再比如，你可能会认为如果一个公司生产高质量的产品，那么该公司的股票也是很好的投资对象。你并不是唯一在时间有限的情况下通过代表性来评估选择优劣的人。我们都这样做，使用经验法则是很自然的。当你认为的相似性大于实际情况时，风险就出现了。

投资监管机构要求投资管理人发布免责声明，声明过去的业绩不代表未来的回报。尽管有这些警告，但我从潜在客户那里听到的最常见的问题是："去年投资组合的表现如何？"我们本能地相信过去的回报率预示了我们未来的回报率，但过去的回报率仅代表着表现优异或表现不佳的某个阶段，而不代表总体表现。在某些市场条件下表现优于基准的投资可能在其他时间表现不佳，这是意料之中的事。

在选择投资专业人士或交易所交易基金时，有以下4个关键问题要注意：

（1）该策略的投资过程和限制是什么？

（2）相对于基准，其表现如何？这种表现是其何种属性导致的？

（3）为获得回报该策略所承担的风险比基准高出多少？

（4）提出的投资过程是如何避免行为偏见的？

请注意，这些问题都与去年的回报率无关。虽然与之前投资方法保持一致的投资策略通常会时不时地表现不佳，但正是这种一致性使长线投资者受益。

动量投资是指跟随市场趋势的一般过程。在市场上涨时动量策略表现良好，但市场下跌时动量策略的下跌回调力度会更大，因为趋势跟随者往往会将基础投资的价格推高，使其超出基本价值。不过，当趋势上升时，这种策略也能带来相当可观的利润。

相比之下，价值投资是指投资者买入被低估的证券，即以低于基本价值的价格买入。投资者持有这些证券（有时长期持有），等待其升值。价值策略从长远来看是有效的，因为当市场回落时，由于该证券已经被低估，其价值的下跌幅度会比较小。这些证券价格的上涨不需要像动量投资那样剧烈就能产生稳定的长期表现，因为重大损失较少。

想象一下，如果你在一次大幅下跌后在错误的时间从动量策略转向看起来更稳妥的价值策略会发生什么。当价格没有那么快上涨时，你可能又想回到动量策略。在这两种情况下，这两种策略的好处你都没有享受到。

此外，由于涨幅过大，大幅上涨的资产类别更有可能降至长期平均水平或长期平均水平以下。把大赢家的短时间获利当作你的经验法则是危险的。然而，担心错过未来回报的心理可能会促使你在错误的时间买入。

每个人都容易受到代表性的影响。然而，研究表明，训练可以显著降低代表性对决策的影响。这是找专业顾问的一个很好的理由。了解一项投资在投资周期或各种条件下的预期行为方式，意味着放弃一项优质战略与放弃一项非优质战略的区别。此外，如果投入必要的时间来研究每种选择，就能建立一个协调一致的投资组合，这种投资组合会更加可靠，但是个人投资者并非总能获得这些资源。而且，长期的相对业绩和相关性分析是一个重要的评估工具，投资者可能因自然偏见而将其抛诸脑后。因此，聘请一位专业人士可以在你和你的财富之间构建一道宝贵的防火墙。

无论你是否依赖专业人士的建议，在书面文件中定义你的目标和约束都是非常重要的。由于该文件对你的意图做出了书面提醒，偏见就很难发挥威力了。投资政策声明适用于所有人。

达到平均水平

投资者中回报率高于平均水平的不到一半。这是一个数学事实。此外，投资组合产生的平均回报高于任何其他价值。我想暂停一下，让大家好好理解一下。

我们可以认为大盘指数代表了平均回报率。毕竟，如果要宣称你的业绩跑赢了大盘，那么你的超额回报率要高于这个基准。标准普尔 500 指数代表了美国 500 家最大的上市公司。S&P/TSX® 指数衡量的是加拿大最大的 300 家上市公司。这些指数的日净损益是各上市公司股价变动的总和。每只股票价格的涨跌都是以公司规模来加权的，所以公司规模越大，对指数的影响就越大。随着一些股票上涨，一些股票下跌，大盘指数反映了整体经济的涨跌。

关于投资组合表现的理论也同样适用于其他资产类别。跑赢指数或基准意味着你选择了能产生超额回报的投资工具。利润较高的投资者要么是正确判断了市场，要么是运气好。那些表现不佳的人是因为选择不当、决策有偏见，或者是随机因素的牺牲品。或者，他们可能持有过多种类的证券或交易次数过多。如果你持有过多种类的投资，你的投资组合与指数就会过于接近，加上交易有成本，你几乎没有机会跑赢大盘。由于存在市场时机风险和买卖价格差，频繁交易也增加了投资表现不佳的风险。

尽管大多数投资者获得的回报率只能达到平均水平，半数投资者表现不佳，但你更有可能听到吹嘘自己获得非凡利润的故事。尽管有很多人的投资陷入困境，但很少能听到后院烧烤的人大谈自己可怜的投资失误。讲自己犯蠢的故事并不令人愉快。

毫无疑问，人们乐于吹嘘交易带来的利润，同时把失败隐藏起来。如果大多数人的回报率都是平均水平，只有不到半数的投资者表现优异，那么在后院炫耀的人可能也有不可告人的秘密。人们的投资行为相对稳定。那些在某项投资上获得惊人回报的人，很可能持有一大堆风险类似的其他投资。高回报往往伴随着高风险，至少其中一些风险不会带来回报。

损失已经够让人痛苦了，不必在后院草坪上到处宣扬自己的失望。由于描述投资成功的故事比例过高，所以当你听到某人在讲一个成功的故事时，你可以自信地认为他还有一个失败的故事没有讲，所以，没有必要感觉自己错过了什么。

再想想价格波动对高风险投资组合的影响。一笔 10 万元的投资下跌 20%，你只剩下 8 万元。你需要用剩下的 8 万元赚取 25% 的利润才能恢复到初始价值。与此同时，一项只损失了 10% 的低风险投资却有更多的资金可以利用。用剩下的 9 万美元只需获得 12.5% 的回报就能回到 10 万元。剧烈波动并不一定能带来最好的投资表现，即使是在总体回报听起来很棒的时候。

如果你发现自己属于落后的那一半投资者，你并不孤单。试图通过增加风险来弥补损失的做法很少会有好结果。与其加倍下注，不如考虑直接投资一个代表大盘的指数，然后顺其自然。有许多发行机构推出了低成本的交易所交易基金，可以跟随你想跟踪的任何指数。

通过低成本投资整个市场，你消除了单一投资表现不佳的风险。你还会享受到一个额外的好处，那就是减轻了自己的压力，把自己从研究投资决策的劳动中解放出来。把脚放在沙发上，双手端着一杯热气腾腾的咖啡，祝贺自己通过达到平均水平超过了半数投资者。在这种情况下，达到平均水平是极好的。

无偏见习惯清单

下面是一些重要习惯的清单，你可以通过养成这些习惯来更有效地管理自己的投资、谈判、支出、储蓄，以及其他财务决策。

（1）**发现你的个人经济价值观**。花一个周末的时间来发现你的个人经济价值观。把你的个人经济价值观打印出来放在一个地方，让其在关键时刻提醒你自己的根本价值观是什么。每过一两年，花一个下午或一个周末回顾一下第四章中的 8 个步骤。然后，让你的决策与这些目标保持一致，这样你所做选择的累积效应会让你实现目标，而不是做一系列事件驱动的交易，这些交易可能会让你误入歧途。这个过程也会让你需要做的决策变得更少，因为你的每个决策都将让你朝着实现目标迈进。如果你的决策总是围绕个人经济价值观，那么偏见对结果的负面影响也会减少。

（2）**通过撰写投资政策声明来坚持一个简单的财务计划。** 给所有帮你实现财务目标的专业人士一份投资政策声明复印件。在你的定期投资检查之前或者当你要做出重要投资决策时，重新阅读你的投资政策声明。重读这个文件将使你在做决策时关注约束、目标和其他基本指导方针。这个工具也是一个与专业人士交流的好方法，使他们的建议与你的目标一致，也是为了让他们负责。

（3）**落实日常和有用的习惯。** 了解偏见并不足以让你远离偏见的影响。

（4）**别从个人角度看问题。** 不要因为感觉自己应为随机事件的结果负责而不快。相反，关注你的长期目标，忽略市场波动。你会倾向于相信你从意想不到的价格变化中看到了规律。市场事件在很大程度上是不可预测的，后见之明偏见会让人产生强烈的后悔情绪。如果你当时能根据所掌握的信息做出不同的选择，你早就那样做了。

（5）**别再检查自己的投资。** 不要再看每月的投资报表，不要再热切地关注投资新闻。取而代之的是，每年对你的资产进行一次检查，为的是确认交易的准确性，确认是否坚持了你的策略，并跟踪你的目标和回报。如果你是自己的投资经理，那就提前安排一个合理的检查频率，而不是在剧烈的或者产生巨大压力的金融事件期间做决策，这个时候的情绪和偏见对你的影响太大。

（6）**通过与相关基准对比来计算你的投资每年增长的百分比，而不是看赚了多少元钱。**调整你的回报率，以反映你的缴款、提款和费用。相对回报率有助于减少锚定值和峰值对你投资满意度的心理冲击。此外，与大盘进行比较也能说明你属于投资策略成功的投资者还是属于另外落后的 50% 投资者，这 50% 投资者可以通过被动的大盘策略投资来提高业绩。

（7）**在易于存储和检索的地方记录投资决策。**重读过去深思熟虑的决策可以减少后见之明偏见对情绪的影响。把事情写下来的过程也会提升决策的可解释性并促使你做更彻底的审慎研究。此外，当你可以查阅最初的决策标准时，你更容易发现自己最初的投资标准在什么时候发生了改变，这通常会告诉自己什么时候该放弃一种策略或者鼓励自己坚持自己的信念。

（8）**写出希望限制或完全避开的策略及投资。**例如，你可能决定不支付股息的公司股票不得超过你总资产的 25%。或者，你可能想避开某个特定行业或部门的企业。你可能决定不投机，持有的波动性股票要低于某个最低市值（规模）。你可能还希望避开某些投资计划或不接受好意的非专业建议。无论你的约束是什么，把它们写在你投资政策声明中。

（9）**控制你的激情**。每当你要做财务决策时，请列出你不应该做这个选择的理由。你要以严格的怀疑态度为基础，提出有力的反驳意见，这样才能更好地调整自己的观点。你可能会觉得这是浪费时间，因为你的自然倾向是寻找支持信息，而不是反驳。这种偏见会促使你走捷径，也很容易让你入坑。

（10）**在投资政策声明中写明投资或退出投资的条件**。只买入或持有符合你投资标准的证券。如果一项投资不再与你的目标相符，那就不再合适。或者说如果它符合你退出的理由，请卖掉它。除了要计算缴税，你买入时花了多少钱是无关紧要的。"低买高卖"这句谚语是对盈利背后的数学原理的过度简化，而不是建议。

此外，仅为了获取资本收益而卖出上涨的投资，或者因为希望下跌的股票能回升到之前的价格而一直持有，这些都不是好的投资策略。这些都是受偏见影响的例子。

（11）**开始一个"明天储蓄更多"的投资计划**。每年或每当你的收入增加时，都要增加储蓄。同样，每年都要增加你的按揭或贷款的还款金额。你所支付的每一笔额外款项都直接用于偿还本金。尽可能让增加储蓄和增加还款自动化。

（12）**省大钱**。受比例金钱效应影响，当交易规模较小时，你关注较小的价值，但随着交易规模的增加你会忽略这些较小的价值。然而，大额交易提供了省下更多资金的最佳机会。

（13）**在谈判中利用锚定效应。**作为卖方，你应该给出最高的合理价格，这个价格要能够吸引买方来和你讲价。作为买方，你要将卖方锚定于最低的合理价格上，以诱导卖方回应。卖方接下来的还价将显示其在多大程度上愿意修改价格。有了这些信息之后，你就可以给出最好的也是最后的价格，但如果价格不公平，你就心甘情愿放弃这次交易吧。

（14）**防止过早了断。**如果很有可能获得全部价值，那么有耐心会带来回报。确定性让人感觉更舒服。弄清楚早终止投资的代价可以有效地评估你为了消除恐惧而放弃了什么。

（15）**把时间转化为金钱。**你越早开始储蓄计划，就越早开始了让钱翻倍的过程，你需要投入的资金也就越少。时间就是金钱。一种方法是一旦有公司赞助的储蓄计划，即使你不确定自己的选择，也要立即参与。开始计划比选择理想的计划更重要。另一种方法是开始向储蓄计划小额缴款，即使你还不知道自己的计划是什么。

（16）**尽可能使用技术让你财务的各个方面实现自动化。**预先设定的决策减少了你在选择中的偏见和情绪。你面对的选择减少了，偏见的影响和决策的压力也随之减少。

例如，如果设定了电子缴款，你对波动的恐惧就不会扰乱你精心设计的储蓄计划。你也可以在一个设定的日期安排时间来回顾你的投资和财务事务。你可以通过银行将固定费用、各种付款以及其他转账自动化。对你的投资进行自动定期再平衡，这样你的各项资产就会随着市场价格的变化而恢复正常的占比。如果完全自动化不可能，那就为每个任务设定一个定期提醒。提醒内容应包括所有的说明、准则、过程、联系人，以及其他有用的信息，从而减少完成任务的障碍。

（17）**避免拥挤交易。**共识会损害业绩，因为那些落后于早期投资者的人获利较少。尽管随大流会增加信心，但这样做也会增加不必要的风险。

（18）**利用你的心理账户。**在一个单独的账户中为你的固定支出和长期目标留出资金。固定收入和意外之财都可用于固定成本、长期目标和非免税债务。同样，应把你的一部分固定收入分配到个人享受账户中。

（19）**如果你有顾问，请把你的个人经济价值观和投资政策声明分享给他们。**让顾问深入了解在管理你的资产时他们应采用的策略、限制偏见的决策过程以及评估结果的方法。

（20）**达到平均水平。**如果你的投资策略没有达到预期，考虑使用低成本的交易所交易基金来投资于大盘。这样既能消除业绩不佳的风险，还能减轻压力。

第六章

投资顾问能做
和不能做的事

底线

聘请专业顾问有很多好处，最明显的就是减少交易失误、避免管理疏忽、摆脱耗时的研究和安全分析工作。专业顾问还能对行为偏见进行干预，在事件和投资行为之间设置一道情绪防火墙。但贯彻和坚持个人经济价值观（PEV）才是聘请专家的最重要原因。

然而，虽然专业人士通常很有智慧，但令人惊讶的是，投资建议的某些方面无法完全依赖专业人士。

牛市和自制（DIY）

DIY 爱好者能在网上找到有用的、给人以灵感的视频，从搭建婴儿床到安装厨房水龙头，无所不能。观看半小时的视频就能给普通人带来灵感，让他们学会翻修旧房并转卖赚钱，尽管他们没有接受过建筑或房地产销售方面的正式培训。

DIY 的问题在于要做好犯错误的准备，但愿都是小错。可是，有时这些错误还有点严重，不仅是挥动锤子不小心砸伤手指甲那么简单。投资失误可能导致财务困难，那就太不幸了。

几十年来，投资行业一直提供折扣经纪人和线上自管投资账户。在经济稳定时期，投资似乎毫不费力，哪怕选了平庸的股票也能赚钱，此时这些平台通常会受到欢迎。在繁荣时期，人们很容易被一种虚假的安全感所迷惑。在这种情况下，人们感觉除了在缴税和财务规划策略上花钱，为其他专业建议花钱都是多余的。

在经济繁荣时期，预测过高的股票受到从众心理、确认偏见和过度自信的推动，让投资者陷入自满的情绪中。可是，如果突然发生波动，不知所措的股民们就像车灯照射下的鹿一样举步维艰，被损失厌恶的焦虑所困。在经济极度不可预测的情况下，股民很有可能会退出市场，想休息一下。当你不知道如何继续投资时，离开投资市场的常见理由是："等事情平息了，晚点再进来。"

如果这还不够让人沮丧，那么处置效应会诱使你卖出上涨的股票获利，而沉没成本效应和锚定效应则会让我们坚定持有那些价值下跌的股票。那些在不稳定时期慌忙抛售的投资者最终可能会受到现状偏见的影响而长时间持有现金。当你不知道该做什么的时候，恐惧和优柔寡断会使你选择什么都不做。

近因效应让你把注意力集中在面临的风险上，即使最近的市场下跌已经反映在市场价格中了。有时，证券价格相对于当前风险会出现超卖，从而创造机会。但是，你很容易发现，当拳头还在挥舞的时候，你不愿意回到拳击台上。不过，站在体育场的小卖部里是永远无法赢得一场财富争夺战的。

投资者在情绪方面不具备低买高卖的能力，这就是 DIY 投资方式失败的原因。在错误的地点或错误的时间冒险，或者退缩得太远、长时间不投资，都可能影响你的财务成功，与错误地把钱投在赔钱项目上一样。协助你实现目标的情绪防火墙和专业保证是无价之宝，让你一直向着目标前进。

即使是专业人士也会受到偏见的影响，但是教育、培训和系统学习的过程让专业人士有机会掌握更有效的方法。当然，每个人都受制于自己的那套技能。但是，专业人员使用结构化流程和文档来减轻个人偏见的影响，他们有额外的优势。通常，经验能让他们保持头脑清醒，与客户保持一定距离也能让他们有优势。此外，专业人士通过对反复出现的场景进行培训和实践，可以形成技能，获得宝贵的资源，精益求精的态度也有助于改进研究和执行的过程。

市场每次重大事件的发生都有其自身的原因。从 2020 年 2 月 24 日股市见顶到四周后的低谷，在市场剧烈波动期间的新闻与波动前每天的新闻一样都能说明问题。美国有线电视新闻网（CNN）、福克斯新闻频道（Fox News）和加拿大广播公司（CBC）都没有偏离主流新闻，都提醒公众注意大流行病带来的重大经济风险。新冠疫情初期，人们还觉得日益严重的大流行病离自己很遥远。2020 年 2 月后北美市场发生了动荡。反应不足或者不相信当前发生的事情会持续，都是常见现象。此外，近代史上的其他流行病都得到了控制，所以最初人们没把这次大流行病当回事。

令人惊讶的是，世界卫生组织于 2020 年 1 月 30 日宣布将新冠疫情列为国际关注的突发公共卫生事件时，很多人并未感到恐慌。相反，投资者一致地从众购买股票，推动市场上涨，路孚特的数据显示在接下来的三周内市场上涨了 3.44%。北美媒体都忙于悼念篮球巨星科比·布莱恩特（Kobe Bryant）和他年幼的女儿等人，他们在加利福尼亚州卡拉巴萨斯山（Calabasas）直升机坠毁事件中不幸遇难。

没有预告也没有宣传，市场价格急速下降，场面令人不寒而栗。此前谁也不想错过下次美国总统大选可能带来的收益。当时在职的总统已经表明了他的亲商倾向，并准备为经济加把火。投资者认为让经济火炉燃烧的最后一根柴还没填进去。2月第三周之前的低波动性表明投资者对财政支出的持续感到放心。

在 2 月达到峰值后的四周内，标普 500 指数经历了单日跌幅71.3% 和单日涨幅 49.6% 的震荡。波动性飙升超过 400%。最后，路孚特数据显示，代表世界最大经济体的美国股市 3 月第三周的净跌幅为 −33.5%。

股市暴跌一周之后，在跌幅再次让人感到不安的某一天，投资者恐慌之下抛售了股票，使损失具体化，很多人遭受了巨大损失。到了夏末，那些保持耐心继续投资的人挽回了损失。由于世界各国政府的财政和货币机构承诺支持企业和家庭应对工资和利润损失，美国股指大幅反弹。新财年开始时，大盘的损失已消失。坚守阵地不因波动而焦虑的投资者得以重构他们的退休账户和其他储蓄账户。

尽管价格有所回升，但媒体仍通过不断上升的感染率、住院率和死亡人数等折磨人的报道让观众保持高度警惕。2020 年夏天，"黑人的命也是命"（Black Lives Matter）抗议活动和美国政治集会无视疾病控制中心关于保持社交距离的建议，引发了很多医护人员对新冠疫情失控的担忧。在许多城市，抗议活动演变为反警察骚乱，大型连锁店和小企业都受到了伤害。旁观者只能观望，等待预期的健康和经济影响结束。到了秋天，当时在职的美国总统让人们对 11 月 2 日大选后的权力和平过渡产生了怀疑。对于投资来说，这是令人不安的一年。

大流行病暴发初期，很多投资者都神经紧绷。预言的第二波感染浪潮促使人们对各种投资选择持厌倦态度。无数投资者持有大量现金，认为市场会跌回当年早些时候的低点。那些离场观望的人尽管采取了慎重的保守态度，但也错过了价格的回升。

三年后，情绪动荡消退，我们回忆起这个时期的个人悲惨境遇和新闻大事件，只记得当时自己的净收益或净损失。这时候，事后聪明偏见、可得性偏见和近因效应重新定义了这些事件。通过事实和业绩数据对 2020 年的投资经验做了评估，这些事实和数据以回顾的方式衡量了总体上的成功或失误。

当时有些人一直坚持把钱投资于波动性较大的证券，也并不是痴心妄想。他们有充分的理由投资于不稳定的市场，因为财政政策制机构正在积极宽松商业法规和税收。联邦储备委员会（Federal Reserve Board）、加拿大银行（Bank of Canada）和全球其他货币政策制定机构通过降低贷款利率并买入债券来推高债券价格，压低利率。全球各地的政府机构都通过给公民发放大量现金的方式来支持倒闭的企业和失业的公民。这些机构用稳定的现金供应促进资产的流动性，拯救世界经济。此外，即使是在经济严重衰退的情况下，那些从事在线消费、云存储、芯片和移动计算的企业也享受了优惠。

尽管数百万人因健康或安全原因突然失业或被隔离在家中，但为未来投资的理由仍然充分。当然，预计未来的日子会很艰难。可是，只要政府机构有决心让民众在经济上保持偿付能力，这种经济影响就像挥剑的歌利亚（Goliath）①。

经验丰富的人才能理解事实和观点之间的区别，就像只有老练的水手才能掌握一些技能。专业顾问通过分析新闻和数据，深

---

① 歌利亚:《圣经》中记载的巨人，拥有无穷的力量，后被大卫杀死。——译者注

入挖掘未来对市场的关键影响。在互联网迅速普及的当今时代，专业人士未必能获得比主流新闻更好的信息。可是，有时候要区分可靠的信息来源和毫无根据的高谈阔论就需要实践和培训。这可能就是经验的作用。实践还能让人脸皮更厚，对情感事件有更高的容忍度。

媒体从事的是销售广告的业务。为了获得更高的读者人数，媒体需要对信息进行编排以吸引人们的注意力，从而获得更大的读者群。没有什么比争议更吸引人了。可是，投资者需要避免大起大落。当媒体对一种形势煽风点火时，训练和经验有助于理清局面，找到推动经济市场的转折点。

管理自己的投资是一件很有吸引力的事情，因为易于操作而且费用低。尽管出发点是好的，但偏见还是会干扰你的决定，并最终影响回报。相对较低的投资组合管理费值得付出，因为它可以减少偏见对投资成功的负面影响。此外，通过外包管理和日常投资决策，你可以减少整体压力，有更多空闲时间。

如果你非常想管理自己的投资，但又没时间研究和持续管理，那就可以考虑被动投资的优点，这种投资让你不必花大量时间来充分评估自己选择的投资。如前文所述，被动投资可以降低风险，并产生持续的平均投资回报。只要你不因担心错过而背离你的投资策略，平均回报率就会超过一半的投资者。

被动投资是妙招吗

我们有充分理由去聘请投资专家——跑赢大盘指数却并不是这样做的典型理由之一。

SPIVA®① 每年都会编制主动管理型投资基金的业绩数据。2019 年，91.84% 的加拿大股票型基金表现落后于 S&P/TSX® 综合指数。从更长时间来看则情况更糟。96% 的基金连续 5 年不能达到每个日历年的指数收益。较长时间的研究证明，一旦计算费用，平均而言，主动管理的共有基金表现不佳，即使是最好的基金也不能一直跑赢市场。

与加拿大市场相比，美国的公开交易股票数量要多得多，可供选择的投资经理数量也相对较多。但与加拿大的表现一样糟糕。只有不到 20% 的主动型基金经理能连续 5 年每年的表现都超过标普 500 指数。此外，标普全球（S&P Global）认为，少数人的出色表现只是偶然。2015 年表现最好的前一半基金中，只有 3.84% 能够连续 5 年保持这种状态。你可能会问，那为什么还有人会聘请投资经理呢？

主动和被动委托之间的比较并不简单。有些策略比其他策略更有效。例如，中小型公司、股息及收益投资委托比大型成长型

---

① SPIVA®：道琼斯指数公司专门研究主动投资和指数投资对比的机构。——译者注

投资组合更经常跑赢相关指数。

此外，如果你的投资某一年表现很好，可另一年表现欠佳，这并不意味着整个 5 年投资期间的回报率就低于平均水平。事实上，它们可能根本没有表现不佳。如果一个投资组合在 5 年中有 1 年落后，它在整个 5 年中仍有可能跑赢指数。此外，较低但持续的回报可能优于波动性较大的回报。当一笔投资下跌 5% 时，你需要赚到 5.26% 才能回到原来的价值，因为在下跌之后投资的钱减少了。

过去，主动管理型基金几乎是投资股票的唯一选择，除非你想自己选股。可如今，指数投资很容易通过交易所交易基金进行，这些基金以极低的成本复制了各种市场和行业。一些交易所交易基金的管理费和交易费低至 0.02%。对此人们几乎没什么可抱怨的。交易所交易基金是在股票市场上交易的，所以每次买卖仍然要收取佣金，但如果你通过在某个低成本折扣经纪人购买并持有，你可以将成本降至最低。

被动投资的好处是，当你选择的交易所交易基金复制指数本身时，就没有明显表现不佳的风险。大盘交易所交易基金要么直接投资于该指数的成分股，要么利用衍生产品反映该指数的价格表现。无论哪种方式，只要你选择的指数是你想要复制的，这些投资都是一个令人信服的选择。一些市场和投资比其他市场和投资更不稳定，因此被动投资也不一定没有波动性。

如果突然出现波动，你要有毅力去坚持自己的计划。此外，错失恐惧可能会引诱你转向个股，从而偏离你的策略。尽管指数投资有好处，但指数投资也有其内在风险，这是每个投资者都应该知道的。此外，为了在交易所有效交易交易所交易基金，你还需要一点知识。

几个主要指数，例如标普 500 指数和 S&P/TSX® 指数，分别跟踪美国和加拿大市值最大的上市股票。在这两个指数中每家公司的权重不是相等的，而是根据公司的市值进行加权计算得出的。市值或公司的规模，是用发行在外的股票数量乘以股票价格来衡量的。市值加权投资组合的风险受大型企业影响较大，受小型企业的影响相对较小。

一家大公司股价的上涨或下跌会给指数带来不成比例的影响。随着公司的成长，它们在指数中所占的比例也会增加。这并不一定是有害的，除非公司股价的增值是由于投机而非盈利的增长。例如，如果微软的股价达到每股收益的 40 倍，你可能会感到满意；但如果加拿大的电商服务平台 Shopify 的股价达到每股收益的 190 倍，你就不那么满意了。

指数不是特别透明，投资者可能不会意识到特定股票或行业的集中风险。1999 年，加拿大北电网络公司（Nortel Networks）的股价在科技泡沫期间上涨。这只股票不断升值，在加拿大股市指数中所占比例约为 30%。可仅仅几年后，这家公司就破产了。

加拿大股票指数也不像你想象的那样在该国的经济版图上呈现多元化。例如，S&P/TSX® 指数集中于银行股和资源公司股。

在美国，标普 500 指数中最重要的公司是微软公司、苹果公司、亚马逊公司、元宇宙公司（Meta Platforms Inc.）和字母表公司（Alphabet Inc.），这使得该指数受科技公司的影响更大。

被动投资指的是复制整个指数或行业的表现。交易所交易基金通过一票投资的解决方案轻松复制大盘或者某个专业市场。最近，智能贝塔（Smart Beta）版被动指数的引入增加了投资者的参与方式。例如，一些交易所交易基金能提供指数投资，但可以同时对某些证券类型或投资风格有所偏好。这是在你愿意的情况下对基础指数进行的调整。

贝塔系数为 1 表示该投资组合与所跟踪指数的波动性一致。因此，跟踪大盘的交易所交易基金通常应该有一个 1 的贝塔测量值。但是，智能贝塔是一种基于规则的投资方法，旨在将被动投资的效率与定义的优化结合起来，是一种准被动投资。

这不能称之为主动管理，因为该投资组合仍与基础指数密切相关，只是要经过策略性筛选。举个例子，投资者不再坚持 S&P/TSX® 每只股票的权重，而是购买一只包含所有成分股但权重相等的交易所交易基金。虽然指数中的每只股票在该基金中都有体现，但市值较小的公司对该交易所交易基金整体回报率的影响与知名公司一样大。还有一个例子，某只低波动率交易所交易基金限制了股价波动较大的公司的权重。

被动投资的好处是简单、费用低并且有长期回报。虽然被动投资跟随市场波动，但如果你在过去 20 年里闭着眼睛投资，你的投资也会随市场上涨。相反，如果你关注每一次涨跌，这些年的波动有时足以让坚定的投资者灰心。被动投资会受到损失厌恶、措施恐惧和其他情绪倾向的影响。

尽管存在一些重要的偏见，但被动投资可以节省研究的时间，减少交易数量，从而减少交易错误，降低业绩不佳的风险，从而使你的生活更轻松。如果你能承受起起落落，或者说限制检查投资的频率，那么被动投资和智能贝塔投资是你的理想选择。

直觉

管理自己投资的危险恰恰源于这样做的动机：信心和直觉。

太多的冒牌专家滔滔不绝、信心满满地发表着毫无根据的观点。媒体人士只热衷于预测未来，以吸引观众和广告商。网上论坛吸引了各种各样的人来提供自我肯定的、有时又相互矛盾的投资建议。众所周知，即使是公认的专家也会对未来给出模糊的观点和草率的估计。

不管怎样，说话者越自信，我们就越容易相信他所传达的信息。

我们相信说话有权威的人，容易相信那些能自信回答问题的人。可是，自信却不是衡量准确性的可靠标准。许多法律专业人士从虚假目击者证词中发现，确信与真相之间没有关联。直觉是出现这种情况的一个重要原因。问题是，直觉什么时候可靠，什么时候不可靠？

直觉是指你突然意识到一些事却并不知道自己是如何得出结论的。你走进停车场，本能地知道出事了。或者你哥哥开门，你立刻意识到那是你哥哥。直觉就是你知道某件事，但又不确定是怎么知道的。

商人和投资者依靠自己的直觉并从随后的决策中获得巨大成功的离奇故事比比皆是。另外，如果直觉依赖于大量的信息和经验，那么你利用的专业知识越多，你的直觉就越准确。那么，什么时候可以依靠自己的专业直觉呢？

专业技能无疑是通过教育、经验或以上两者获得的强大技能。李小龙说过："我不害怕把一万种踢法都练过一次的人，我怕的是把一种踢法练过一万次的人。"后者可以说是在一个踢法中发展出了专长。这就是运动员通常所说的肌肉记忆，一种身体运动的本能。

专业人士可能精通工作的某些方面，而在其他方面可能是新手。一个从事家庭法的律师可能精通本国子女抚养准则的应用，但对商业房地产合同一无所知。他们甚至可能不了解其他国家的子女抚养准则，因为他们没有获得当地的执业资格。

技能培养成可靠的专业知识须满足：练习，练习，再练习。学习高水平的技能需要多年的训练和演练。马尔科姆·格拉德威尔（Malcolm Gladwell）在其著作《眨眼之间》（*Blink*）中普及了这样一种观点：成为专家需要经过大约 1 万小时的刻意练习来学习技能。刻意练习是指明确地学习尚未掌握的东西。这也意味着任何人都可以成为专家，因为任何东西都可以学习。

培养专业知识的第二个条件是培训必须提供即时反馈。如果你练习的东西错了，重复就没有价值。想象一下，在一个没有声音的世界里演奏大提琴会怎样？吱吱呀呀的拉琴声可能会刺穿你的耳膜。反馈的价值在于强化好的结果，剔除错误。

在财务上，好的和坏的决定都会通过利润和损失得以强化：玩火者必自焚。损失和收益是显而易见的，市场波动很快就会暴露出交易者的逻辑是否正确。选股者如果选错了股票，很快就会受到影响。如果选对了，就会得到令人安心的回报。我们当然希望复制有利可图的交易，而且反馈能让从业者验证每个决策的有效性。

教育为评估和估价提供了框架，练习优化了这个框架，使框架适应现实生活。练习还可以提高执行速度，因为成功的操作随着重复变得越来越自动化。一个行动被积极反馈强化的次数越多，你就越依赖这个过程，决策过程也就越来越成为本能。

　　培养专业知识所需的最后一个条件是可靠的环境。当专业人士所处的环境有规律时，他们就有非常大的机会变得精通。通过练习可以学到重复的场景，包括在体育、音乐方面的熟练或赢得国际象棋比赛的招式。环境变化越少，就越容易掌握。

　　无论是专业人士还是拥有高水平专业知识的外行人都可以发展出我们通常所说的直觉。直觉需要在足够稳定或可重复的环境中进行大量的练习和可靠的反馈。第三个条件对经济学和资本市场管理方面的专业人士来说，正是他们麻烦开始的地方。

　　股票市场和经济受到很多因素的影响，所以我们不可能关注全部因素。人们没有能力在任何时候都能发现如此大量的因素。人的一生中，任何经济状况都不太可能再次出现。即使真的出现了，你能预测到的可能性也差强人意。

　　如果专业人士不能在市场时机或经济预测方面发展出明确的专业知识，那么在这些问题上的直觉就不可靠。此外，尽管金融专家有教育背景和经验，但在预测未来方面，也只是从统计数字上讲比较幸运，如果是一个外行，那就更糟糕了。

　　直觉的问题在于，即使潜在的信念并无事实依据，可它依然伴随着相当的自信。过度自信是一个危险信号，你可以通过采取措施，避免落入过度自信的"魔咒"，即使这种魔咒来自你自己。

　　直觉可能产生很强的动机。但不管怎样，它对你的投资前景没有帮助。依靠洞察力来挑选彩票号码或下一届职业高尔夫球锦标赛的冠军也同样不切实际。

我们有很多正当理由去聘请专业人士，但对股市走向的直觉不在其中。尽管直觉会给人一种强烈的准确印象，但真正的专家明白他们的知识是有限的。

注意听：如果一个有专业知识和经验的专家都不能依靠直觉来预测市场走势，你也不能。

通过训练避免后见之明偏见

当投资组合的表现低于你的预期时，你难免会感到失望。后见之明偏见会迅速将你最初的投资策略和仔细分析转变为一种直接关注糟糕业绩的观点。遭受经济损失之后，那些让你做出决定的正当理由会被懊悔和痛苦的反复唠叨淹没，你会觉得自己本该做出不同的选择。

例如，让我们看看一种在当前市场条件下暂时失宠的投资策略。价值投资是一种策略，就是要购买被其他投资者忽视的股票。与高成长型股票相比，价值型股票的市盈率要低得多。换句话说，这些股票以较低的价格换取了相同价值的公司收益。

尽管研究表明，从长期来看价值投资是一种成功的策略，但要做好准备，这个过程中的大部分时间你都会感到失望。在经济强劲增长的阶段，你可能会经历长时间的表现不佳。当热门公司的股价持续走高时，消息可以让它们的受欢迎性持续，并进一步推高股价。这只会让价值投资者感到恼火，他们可能会在某个时候质疑自己是否采取了正确的策略。

经历了几年的表现欠佳之后，人们很难记得该策略的审慎。年复一年相对平淡的业绩让精明的投资者也开始反思自己的决定。久经考验的投资策略，包括价值投资，有时在获得回报之前会有很长一段时间的糟糕表现。价值投资尽管收益比较迟缓，但事实证明它非常成功！一家公司失宠并不意味着它会永远被遗忘。最终，成本相对较低的优质公司会吸引投资者的注意力，它们的价格会迅速上涨，以弥补失去的时间。当市场泡沫破裂，成长型股票的价格下跌时，投资者往往会将注意力转向被低估的价值股。

后见之明偏见让我们觉得自己本应该能够预见到结果。我们希望有教育背景和经验的专业人士能够预测经济或市场。然而，正如前面所说的，这种可能性并不比偶然性大多少。

可以预测事件的信息只有在事件发生后才看似显而易见。后见之明偏见将我们的注意力从深思熟虑的投资决定重新集中到对结果好坏的单一看法上。下一步自然是找一个替罪羊。不管研究多么有条理，导致失败的建议都会让人们对提出建议的人失去信心。结果重于过程，因为人们更注重在不良事件发生后回顾过去。有趣的是，好的结果通常没人细看。

数字和金钱是可以量化的。在长期低回报期间，人自然会变得挑剔。在挫败感的驱使下，一些投资者会被少收费或不收费的诱惑所吸引，理由是可以节省费用。将业务转向折扣投资策略还可以顺带惩罚决策者，你想将不好的市场状况归咎于这个人。

长期平均回报率是一种很容易使用的准则，就像 GPS 能指向一个陌生城市的新餐馆一样。和邻居一起吃饭时多喝了几瓶白葡萄酒，又听说他们在理财方面战绩辉煌，失意的投资者可能会受到启发，决定将投资组合转给一个折扣经纪人。这样做至少管理费会低一些。

我们的记忆是短暂的。人们很难记住，长期股票的回报来自长时间的乏味的起伏，而这些起伏似乎没有任何变化。这种股票走势就像一条蜿蜒穿过大草原的道路，前方只有笼罩着薄雾的地平线。然后，就像平原突然出现山丘，股价意想不到地急剧上升或下降，再次引起我们的注意。

投资者不可能在市场底部持有 100% 的现金，随时准备在市场回升的那一刻建仓。然而，牛市是从上次市场下跌的最低点到最终的峰值来衡量的。大多数人投资注册退休储蓄计划已经很多年了，而不是从上次股市崩盘那天开始。

这些算法往往会助长损失厌恶情绪和从众心理。如果你听说市场在过去 5 年里上涨了 86%，而你的退休储蓄计划的回报率却较低，你有理由不高兴。至少你的投资应该同步上涨，不是吗?

但是，如果尽管最近有所反弹，但 1 月以来的总回报率却是亏损5%，你可能会对零回报和零损失感到非常满意。这是优于市场的表现。

熊市下跌后从谷底开始的总收益并不重要。因此，当新闻报道说牛市的股票价格上涨了 40% 时，这可能并不代表所有投资者的实际经历。

几十年来的平均投资回报是低增长、短期爆发的高增长和另外一些熊市回调的综合结果。由于这些价格波动是不可预测的，如果你错过了前两个中的任何一个，就不太可能实现你的目标。坚持到底，全身心投入是达成目的的最好方式。

股票市场反映了各种投资者的观点，所有人都想比下一个人赚更多的钱。尽管我们希望看到价格走势的规律，但几乎不可能猜测接下来的走势。当人们感到不安，决定是时候卖出了，不会有铃声提醒人们集体撤离。

媒体报道似乎也无法预料投资的狂热或撤离的趋势，尽管它们乐于助长这种猜测。过去的收益也不是未来增长或收缩的指标。是人类的偏见让天平倾斜，从人人都加入到人人都撤离。

我们不可能预测市场的下一步走向，只能说，随着时间的推移，经济总体上是增长的，人们总体上是乐观的。当未来不确定时，最好的方法是让你的投资与你的个人经济价值观保持一致，并选择一个支持你愿景的顾问。人们被志同道合的人所吸引，包括他们聘请的专业人士，这并非偶然。

什么时候相信专家的投资建议

聘请投资专家是有特定原因的。对经济或资本市场走向的直觉不是其中原因。专家跑赢指数的概率也不如你所希望的那样高。这两种目的都不一定能达到，但是与专业投资顾问（IA）或投资组合经理（PM）合作有很多有明显的好处。

投资者往往意识不到与专业人士合作具有省钱的作用。一些专业人士与公司的交易部门协商外汇汇率，以减少大额交易的价差。举个例子，假设你想兑换美元和加元。你的投资组合经理可以将你的请求与其他外汇交易结合起来，以增加整个交易的价值。交易的数量越大，买入和卖出货币之间的价差就越小，你享受的兑换也就越优惠。

此外，他们还能提供有用的便利。通过电话与专业人士沟通，他们听到你的声音，就可以进行投资或撤销投资的操作，这让生活变得轻松。当你不需要预约时，财务活动的细枝末节就变得不那么复杂了。开车去办公室、停车、把一些文件忘在家里的情况将不复存在。此外，由此产生的缴税建议也很有用。

专业人士还将确定缴款和取出的时间，以及把钱分配到哪里最好。投资组合经理可以作为代表你最大利益的受托人。

你不需要再站在日常投资决策的最前方，投资专业人士会决定最适合出售的资产，以及交易哪些避税或非注册账户。依靠专业的建议来完成这些功能，可以消除你不自觉地拖延做选择的倾向，并且减少现状偏见。

顾问还可以协助你做当前财务选择，从而帮你摆脱现状偏见的影响。当你对货币购买退休金计划的基金选择不明确时，顾问可以选择基金来协调你的其他投资。财务顾问通常愿意帮助你了解资金条款的具体细节，包括租赁、信用额度和抵押选择——这些都是你整体财务计划的一部分。

与顾问合作的另一个好处是，他可以在其客户之间以中期市场价格进行证券交易。设想一下，你需要从投资账户中拿出 10 万加元帮儿子买他的第一套房子，而你的投资组合持有的证券在卖出价和买入价之间有很大的差价。对于不经常易手或交易量较小的证券来说，这种情况很常见。11.78 加元的报价是买方完成订单的最佳价格。当最高出价为 10.98 加元时，想要变现所持股票的卖家就无法获得更好的价格。然而，将股票从一个客户转移到另一个客户就可以在两个价格的中间执行，这个价格比市场上的价格更优惠，购买股票的客户和出售股票的客户都可以从中获益。

专家的建议不是基于预测也不是基于某个意见。但是，其在交易谈判、投资管理和有效执行交易所需的技能中的作用显而易见。这些建议可以为你节省大量的时间和金钱，也充分证明了你可以信任专家。

知道你不知道的

判断错误的风险随着你的操作偏离自己的专业范围而增加。如果你不知道要寻找什么，那么依赖看似实用的建议可能会带来不易察觉的问题。

常识告诉我们，减少费用和缴税总是好的策略。但是，正如我们已经看到的，以破坏性的投资错误为代价来降低费用是假节省。同样，在不了解该计划含义的情况下实施节省税收的策略也可能同样有害。在某些情况下，缴纳税款的代价并不大。

例如，资产共同所有权和登记投资的受益人姓名等方法很容易大笔一挥就签字，这让家庭遗产规划变得很有吸引力。承诺将资产直接交给受益人，避免通过法庭对遗嘱进行认证的成本和时间，听起来是一种吸引人的方法。

这种建议并不可靠，举例来说，在加拿大，你在房屋所有权中添加孩子，这样如果你去世了，房子就会传给孩子，而不需要进行遗嘱认证。假设在家居住的母亲在房屋所有权上加上添加了她成年的儿子，这样做的直接问题是在土地产权办公室变更所有权时的费用。然而，如果儿子声称这个房子不是他的主要住所，那就会出现另一个更大的问题。在这种情况下，资本增值税可以累积到一半的房屋价值，因为资本增值税豁免只适用于主要住宅，这样儿子就会欠下增值部分的税，这部分税将在房屋出售或易手时向加拿大税务局（Canada Revenue Agency）缴纳。如果母亲把房子只留在自己的名下，那就可以完全免征资本增值税了。

如果儿子遇到债务问题，这个计划会产生更多麻烦。这种情况下，房子可能被视为他资产的一部分，并被要求用以偿还他的债务。假设他卷入了一场汽车事故，而他的保险金额不足。另一方可能要求赔偿，包括要求获得母亲居住房屋的价值。同样，如果儿子解除婚姻关系，家庭律师可以在分居安排中附加该房屋的价值。最终，这些风险将远远大于相对很少的遗嘱认证成本。

再举个例子，假设一个人患有绝症，他想把遗产传给两个小侄女。他没有自己的孩子，便安排好将资产转移到遗嘱中建立的遗嘱信托。他们每个人都可以继承几百万加元。女孩们的父亲担心她们会做出糟糕的人生选择，所以不希望自己的孩子在很小的时候就得到这么一大笔钱，所以叔叔详细制订了信托计划，在女孩们 30 岁时分配一半遗产，另一半将在 35 岁时分配。

然后，这个人去办公室和人力资源代理说明情况，安排自己的侄女成为他养老金计划和团体保险政策的唯一受益人。他还会见了他的投资顾问，并说明了将资产赠予两个女孩的计划。投资顾问把这两个女孩列为他退休账户的受益人，而他的大部分金融资产都存放在退休账户中。他暂时还需要房子和汽车，所以只能让这些资产通过遗嘱认证。

由于保险单和其他已登记的保险计划都将这两个女孩列为受益人，因此如果他去世了，这些资金将直接支付给他的侄女们，从而妨碍了她们父亲延迟给她们这么多钱的愿望。这些资产没有经过遗嘱认证，因此都没有进入遗嘱信托。

麻烦并没有就此结束。作为遗嘱执行人，他的哥哥将负责管理房子和汽车的开支，直到可以将其出售。可是，遗产中没有流动资产，因为所有的投资和保险都给了侄女们。此外，出售房屋的收益几乎是遗产中剩下的全部，将直接交给遗嘱信托。但是，接下来的几年里，纳税申报和信托管理的成本会一直持续。

咖啡店的建议就像写建议的餐巾纸一样没有价值。一个有专业顾问的个性化理财计划可以避免破坏性的错误信息和过于简单的补救措施，为你节省的钱远远超过它的成本。前方的障碍通常不易被发现，除非你有经验或受过培训。市场和经济学可能无法提供足够的可靠性，但能提供实践经验。不管怎么说，财务规划无疑是一个需要专业知识的领域。

在选择符合你需求的专业顾问时，请考虑各种认证。例如，财务规划专家在管理私人财富规划的各个方面时，即使遇到细微的差别也能够提供相应的专业知识。相比之下，特许金融分析师

（CFA）则对资产评估和投资组合管理有着深刻的见解。此外，一些专业人士还具有多种头衔和专长。

不管大学里学的什么专业，在经历了整个市场周期和各种市场条件下的结构化投资体验之后，他们培养出了强大的理解力，对投资在特定情况该如何反应有着深刻的见解。例如，优先股的价格受利率的影响比受公司盈利的影响更大，因为它有点像长期债券，而一家盈利呈指数增长的新公司可能比一家成熟公司更不稳定。此外，专业人士还能发展专业知识来分析特定的投资风格以及市场状况如何影响这种策略。这些领域的专业知识有助于选择符合特定风险承受水平并满足特定投资目标的合适证券。

在相对稳定的环境中，投资专业知识对于可重复的经验来说是可靠的。经济学家甚至能对外汇的各个方面提出见解，或者理解已发生事情的含义。总的来讲，避坑的关键是理解专业知识的界限。了解自己的局限性，也了解你所依赖的人的局限性，总归是有好处的。

抵制偏见

专业人士和专家也做不到对大多数偏见免疫，包括锚定效应。我们来回顾一下第一章的实验，在这个实验中，房地产经纪人也会受到待售房屋标价的影响，尽管他们坚持认为这不是他们对房屋价值客观分析的一个因素。锚定是一种自动反应，不管是专业人士还是非专业人士都无法克服，哪怕他们尽了最大努力。

但是，培训和专业知识可以成功地减少其他偏见的影响。再想想第一章中关于禀赋效应的研究。在那个实验中，参与者一旦有了咖啡杯或巧克力，就会认为这两样东西比其他同等价值的物品更宝贵。

研究一再证明，禀赋效应存在于股票和证券交易中，投资者认为自己所持股票的估值似乎高于不持有的股票。委托卖出的价格往往与市场价相去甚远，而委托买入的价格与市场价的差距却没有那么大。然而，交易频率和经验显著降低了禀赋效应的影响——这是实践和可靠反馈的好处。

投资者也可以依靠投资顾问进行交易决策来减少或消除禀赋效应。禀赋效应的起因是对后悔的预期。如果你可以与他人（比如专业顾问）分担投资责任，你一般不会后悔。

专业人士的培训和经验带来的优势远不止限制偏见的力量。不需要经常做出投资决策的人往往会有一些不切实际的偏见，而勤奋的专业人士则可以投入时间和资源，并采取一些策略来避免这些偏见。例如，对市场变化和客户讨论进行大量笔记和记录是投资行业的常见做法，这些习惯能减少后见之明偏见的遗憾、过度自信和过度交易的风险，以及框架的诱惑，等等。

投资专业人员可以实施的其他策略包括投资决策跟踪、证券选择记录文档和建立结构化的卖出准则。

此外，投资专业人士必须展示在选择过程中审查过其他类别投资的证据。如果坚持始终如一地执行，这些策略可以为客户带来更加可预测的结果，因为它们限制了马后炮式投资决策的灾难，甚至是过度自信带来的更大灾难。专业人士在研究细节上的更多关注对于阻止一些自然偏见有明显的好处。这些严格要求所需的时间对于个人投资者来说很难付出——他们能够投入这些过程中的时间通常是有限的。

放弃投资组合

如果你因波动和损失厌恶而经历了痛苦，痛苦的程度又与你查看投资组合的次数相关，那么你也可以聘请一位专业人士来干预。

有趣的是，自己管理投资的投资者最容易受到偏见和启发法的影响。即使每项投资决策最终都接受了顾问建议的那些客户也会比聘请可信赖的全权委托投资经理的客户要遭受更多的情绪反应。这是合乎情理的。如果你最终要为每一个投资错误负责，那么每一项决策的成功与否都会让你有压力。

有这样一个案例，一位潜在客户声称他宁愿为自己投资组合中的错误负责，也不愿看到专业人士犯错误，但我确信没说实话。他的意思可能是，当他自己完全有能力犯错误时，就不想花钱请专业人士犯错误了，这样至少能省下一些费用。当然，这是假设专业人士会犯与投资者同样的错误，而我们希望专业人士能避免这些错误。

不幸的是，在后见之明偏见的作用下，即使是经过反复推敲的投资决策也可能看起来是一个错误，不管这个决策是谁犯下的，也不管决策过程的质量如何。要不要为专业咨询付费的真正根本问题是顾问的附加值是否等于或大于他们收取的费用。当然，咨询的价值不仅体现在回报上，还体现在内心的平静上，以及项目附带的其他辅助服务和好处上，比如财务规划。

最近，我遇到了一个老客户介绍来的人。每次与他见面，我都注意到他穿得多么精致。取得他的信任后，他最终提供了自己的投资报表让我查看。他扫描并发送到我办公室的文件中列出了一些普通股，包括亚马逊公司（股票代码 AMZN）、苹果公司（股票代码 AAPL）和其他几只证券，主要是石油和天然气公司。这些股票的价值都有所下降。令人惊讶的是，他还有 28 万加元现金。

他的投资组合已经有很长一段时间没有动过了，只是最近买了的亚马逊公司和苹果公司的股票，他立刻声称这是他的功劳。这两只股票是报表中的亮点。

在很长一段时间里，几乎没有分散投资而且可能回报率很低，这让他因后见之明偏见而感到非常懊悔。他说自己已经放弃了这个账户，也不那么在意它了。他计划持有下跌的股票，直到它们回到最初的购买价格（损失厌恶、沉没成本偏见、现状偏见、处置效应在起作用），然后打算退出。他就这样被锚定在每只证券的买入价上。

我建议他找机会调整自己的投资组合，以更多元化的方式迎接更好的前景。可是他受不了这种交易。亏本卖出股票，购买其他投资产品，这意味着他可能会在新的投资中赔钱，就像在上一轮投资中赔钱一样容易。这种想法的根源是他不了解自己所持有的投资，也不了解研究和多元化的好处。损失厌恶让他因无法做出合理的投资决策而卖出那些不再符合他目标的证券。于是，我们的每次讨论都以同样的结论结束。

他对于支付投资组合管理费这件事也有顾虑，因为无法事先知道他的投资业绩是否值得支付这笔费用。他关注的是专业投资组合管理的价值，即如何产生额外回报来支付投资建议的费用。可是，很显然，即使不考虑其他因素，他至少可以从困扰他的投资决策中解脱出来，这一点就能让他受益匪浅。

他的会计师也赞成聘请专业人士的计划，会计师告诉他投资组合管理费是免税的。但是，即使有了两位专家的建议也不足以使这位投资者摆脱现状偏见。在这个案例中，损失厌恶的痛苦如此强烈，以至于他无法改善自己的战略以实现目标和价值观。在这个过程中，他本该减少每次讨论这个账户时产生的相关压力和焦虑。

我们把利益排在待办事项清单的最后，是有很多原因的。即使你是金融专业人士，也会忽视自己的投资。这并不总是因为我们忙于生活的其他方面。很多时候，看着你购买证券时的资产上涨或下跌会产生不舒服的情绪。我们很容易找个借口声称它不如其他投资或生活的其他方面重要。

当然，这笔钱和其他钱一样重要。对心理账户的本能服从将合适的投资与糟糕的投资区分开来。把时间和精力花在那些让你觉得有利可图的资产上比花在那些产生负面影响的资产上要愉快得多。如果你的股票投资组合正在遭受损失，让它继续萎靡下去并忽视未来的决定是一种本能的倾向。

如果处理这些投资会让你过于焦虑，那么聘请一位专业人士来充当情感防火墙，就能让一切恢复正常。专业人士不仅能让你超越现状，不必放弃投资组合，还能为你的财务状况提供全方位的支持、建议、指导和宣传。就像打棒球一样，当你不确定球在哪里时，可以聘请一名教练在三垒指导你要转弯进入本垒还是留在你所在的垒上。

第七章

金钱能买到幸福吗

大多数人会说：如果人生中有一件事的改变能增加幸福感的话，那就是拥有更多的钱。

金钱和幸福之间的紧密联系是长期存在的，这方面的论述很多。我们大多数人都盲目地相信金钱可以买到幸福，然而金钱并不一定能带来持久的幸福。很多富有的人活得很痛苦，钱很少却很快乐的人也比比皆是。

前几章深入探讨了影响我们追求财务安全并最终影响我们幸福的常见问题。你已发现许多偏见影响你对世界的理解，而且偏见使财务决策复杂化。你已读到偏见如何以及何时破坏了你控制风险的良好意图。而且，你已经知道，你不经意间努力相信自己是对的，即便在遭受经济损失的情况下也还是这样想。

如果我们都在追求幸福，如果经济保障能让我们实现幸福，那么为什么我们每个人似乎都自然倾向于毁掉自己的努力成果？

金钱真的能买到幸福吗，还是有别的东西在起作用？

幸福、工作和退休

假设你正在找工作。你终于在实力雄厚的公司找到了一份理想的工作。随着兴奋消退，烦恼就来了。该公司付给你的工资比你上一份工作要低，你知道工资标准一旦确定，再想加薪就很难了。

去年夏天，在大学带薪实习的临时职位上，你赚的钱比在这个新岗位上还多，或者你以前工作过的任何地方都比这里给的钱多。你心想相比之下这里给的工资简直是侮辱人。你感觉自己在倒退，而不是在前进。

以过去的经验为指导是个不错的主意。这些评估合同价值的标准自然是基于你的能力、天资和就业市场，但不应妨碍你为未来做出明智的决定。固守过去较高的工资水平是有代价的。以前的工作已经不存在了，但它仍然是重要的信息。它给你一个衡量最近就业市场收入水平的标准，也让你认为自己有能力挣那么多。然而，如果以前的标准阻碍了你接受新的机会，你可能在自毁前程。假如你没有那份短暂的实习工作，你会不会对这份新工作欣喜若狂呢？

虽然原来的工作做了很多年，但是新工作是其他众多可能中的一个。过去的工作是相关的，同时也是不相关的。说它相关，是因为它是你的技能在一般市场上的薪资参考。然而，它又不相关，因为你过去的工作已经不再是一种选择，如果现在有更好的工作机会，你自然会接受。

锚定效应使过去的经历影响了你的决策和你对未来幸福的看法。例如，买车时如果你的预期价格低于新车的实际售价，你自然会失望。如果你的预期价格更高，你会很兴奋，尽管事实上两种情况下这款车的售价是一样的。

新的机会不仅会被锚定扭曲，还会被后见之明偏见、信念固着、近因效应、保守主义、可得性偏见、赌资效应和损失厌恶所扭曲。偏见会影响你对幸福的看法，你赚的钱的多少也会影响你的幸福感，因为钱的多少决定了你能负担得起什么。花钱能带来舒适和快乐。

除了睡觉，你一生中花时间最多的活动可能就是工作了。做有目的的工作可以带来一种自然的快乐和满足感。成就，无论是与工作相关的成就还是其他方面的成就，都是快乐的重要来源。工作可以给你带来快乐，但如果工作使你花大量时间去做你不喜欢的事情，它也会妨碍你快乐。你从工作中获得多少快乐取决于你自己，取决于你是否喜欢你所做的事情。

工作占用了我们那么多时间，难道工作满意度不是一个比金钱报酬更好的幸福指标吗？显然，金钱和其他福利必须满足你的生活方式需求。你的报酬即使没什么竞争力，也必须是公平的，这样才能带来满足感。如果和你做同样的工作的同事赚得更多，你无疑会心里不舒服。总而言之，金钱和令人满意的工作都是通往幸福的大道，而两者又都有可能毁掉幸福。

作为一名投资顾问，多年来我有幸与各种各样的个人和家庭合作。他们中的很多人一旦达到一定的储蓄水平或养老金计划到期，就退休了。然而，还有很多人从职业生涯中获得了使命感和乐趣，他们看待退休计划的视角不同。如果工作直接给你带来快乐，那么退休的动力就没有那么大了。如果工作只是提供收入，再用收入换取让你快乐的东西，那么退休的动力就会非常大。那些从工作中获得满足感的人会说他们的目标是缩短工作时间或者可以选择自己参与的项目类型。工作仍然是同样的工作，但是他们想按照自己的方式完成。

这种人在企业家和行业内获得认可的专业人士中尤为常见。他们常常把退休看作是一种选择，而不是必须做的事。

这些人做退休规划的出发点是多少钱才能保证经济上的安全。这是他们的基本想法。他们关注的是可以兑现筹码的日期。该日期提供了安全感。对这些人来说，退休规划的目的只是假设一种舒适的生活方式。他们的工作是幸福的重要方面，他们并不急于放弃工作。

第二类人心中有一个他们想要达到的神奇数字。这个数字通常是他们希望自己的储蓄账户达到的金额。该目标有时是武断的，比如存 100 万加元。更常见的情况是，退休储蓄金额是基于数学公式的，该公式考虑了预期回报、预期通货膨胀、税收和维持一定生活水平的收入所需的储蓄。这个金额为他们择的生活方式提供了支持，通常以一堆零结尾。

第三类储蓄者将自己与同龄人进行比较。每次我们见面时，有些客户都会询问自己在同龄人中的排名。有趣的是，这些特殊的客户特别要求与别人比较，而大多数其他客户则不会。这些人想知道他们是领先还是落后。对他们来说，这样的比较比一个神奇的数字更有意义。这就是他们衡量自己是否成功的方法。

无论我们每个人是如何度过人生的，如果在工作中找不到快乐，何时退休就如同解一道数学题。工作产生收入，收入产生快乐，因此，令人愉快的工作会以两种方式带来快乐。如果没有令人愉快的工作，最好的结果是存足够的钱，尽快结束工作。

自 1987 年起，领取加拿大养老金计划（CPP）福利的最低年龄从 65 岁降至 60 岁，平均退休年龄也随之下降。并不是所有选择更早退休的人都是因为能够更早获得那为数不多的加拿大养老金计划福利。如果我们已对锚定效应有所了解的话，就知道仅是政府工作人员对更早退休年龄的支持就足以让人们决定接受这个年龄。随着人们向 60 岁迈进，这个数字在人们脑海中变得挥之不去。这个年龄本来可能只是一种建议。

更早退休的趋势不仅取决于什么时候可以领取加拿大养老金计划福利。据 20 世纪 90 年代的统计，后半个世纪未满 60 岁就退休的人员比前半个世纪多出近 10%。如果没有经济资源，想提前退休又不做出牺牲是不可能的。当你有足够的钱时，你就可以自己选择退休日期。从这方面讲，金钱可以买到幸福。

上班那些年的幸福是一回事，收入停止增长后还能舒适地生活是另一回事。钱花光是退休人员面临的最大风险。不足为奇的是，不断上升的离婚率加剧了这种风险。和配偶一起攒了几年或几十年的钱，结果却因离婚让积累的财富减半，想象一下这会带来什么影响。与两个人住一所房子时不同，原来存的那些钱要支撑两个独立家庭的开支。

离婚并不是造成钱不够花的唯一原因。长寿、低收入、过度消费、储蓄不足以及承受不必要的风险都是原因。自然的偏见会导致你决定卖出能够赢利的投资项目，会导致你出于恐惧而选择持有低回报现金投资，会导致你面对亏损时因试图弥补损失而去冒不必要的风险。你行事的方式与自己的目标背道而驰。

虽然很多偏见会在我们的一生中造成经济损失，但在你规划退休生活时，货币幻觉可能是影响最大的那个判断错误。医疗保健的改善和生活水平的提高让人们享有更健康、更长寿的生活。这意味着退休后的时间比前几代人要长得多。

随着时间的推移，通货膨胀对货币价值的影响呈指数级增长。通货膨胀让退休人员的养老金贬值，有时贬值太多，以至于减少开支也无法弥补养老金的不足。你倾向于用名义价值来看待货币，1 加元的价值就是 1 加元，这使得你很难理解通货膨胀对长期价格的影响。货币幻觉造成一种风险，就是低估需要存多少钱才可以退休。

在人生最后的日子里，人对自己的生活几乎失去了控制，人们寻求快乐的机会也因此受到限制。这不仅是因为你负担不起奢侈品和令人快乐的经历。有限的经济资源会导致压力和焦虑，而压力和焦虑又会影响你的健康。在美国，开始享受社会保障（Social Security）的年龄取决于出生年份，如果出生在 1960 年或之后，则从 65 岁逐渐提高到 67 岁。美国公民在 65 岁开始有资格享受老年人医疗保险（Medicare），根据所需的保险水平不同，费用也不同（从免费开始）。加拿大的社保制度让所有公民有机会获得基本的医疗资源，无论其财富水平如何。然而，虽然有联邦社保援助、免费公共医疗以及各省对养老院的补贴，但依赖政府项目限制了你做决定的自主权和采用私人提供的医疗方案的自主权。

例如，如果老年人愿意，选择家庭护理可以让他们在家中居住更长时间。过早离开家庭环境去养老院可能会破坏老年人的整体幸福健康。极端的例子是资金耗尽，这种情况限制了老年人的选择，或者说让他们没有选择。

我接待意料之外（在某些情况下是意料之中）的财务崩溃的客户，就像医生接待患者一样。有时资产是可以恢复的。在无法恢复的情况下，我们设法尽可能让财务崩溃的时间晚点来临。如果客户坚持定期提款，这将在他们的预期寿命之前耗尽存款，那么自然就会产生问题。然而，在这种糟糕的情况下，人们往往可以受益于好的建议。

以安妮为例，她一辈子生活在传统的、充满爱的婚姻中。她年轻时，女性出去工作是不常见的。那时候披头士摇滚乐队刚刚成立。直到她丈夫 67 岁去世，她才知道他们的财务状况。

安妮有美丽的容貌，眼睛炯炯有神，发白的金色卷发在她走路时会颤动，显得很年轻。你绝对想不到她已经 77 岁了。即使是在紧张的谈话中，她也表现得坦率而机智。几十年前，她的丈夫买了一份人寿保险，以确保在自己早于妻子离世时能为妻子提供经济保障。这份保险的保额当初是很大一笔钱。然而，随着生活成本的增加，这些钱还是不够用。40 年后的今天，10 万加元并不能花很长时间。安妮取出了一小笔额外的钱来补充她的养老金计划，用于支付房租和其他费用。她所谓的额外似乎并不是额外的。

数学是伟大的均衡器，它清楚又准确。你无法改变数字使其迎合我们的偏见。安妮的钱在不久的将来就要花光了。她坦率地说道："我知道，我的钱要花光了。等钱花光，我的女儿们还得照顾我。"她很健康，而且只要她保持健康，有充分理由相信她能活到 90 岁以上。"我现在就想这样生活，等我把钱花光的时候，我就老了，也不会在乎必须花多少钱了。"她试图说服我。认知失调正在影响她。

财务安全是幸福的重要组成部分。货币幻觉会导致意想不到的财务安全缺乏，如果你没有考虑到这一点，就很难获得幸福。当偏见影响我们的财务决策时，尤其是影响与就业和退休收入相关的决策时，就会影响到我们的幸福感。在各种情况下，减少偏见的影响都可以促进你的财务安全，并让你在工作和退休期间更快乐。

幸福与花钱

2019 年 3 月春假前的那个周一早上，随着 5 点 25 分闹钟的鸟鸣声，我醒来躺在床上（我在这时起床的原因是患有一种职业病）。我伸手去拿床头柜上的苹果手机和老花镜。手机上的每个新闻软件都弹出窗口，报道了几天之内连续发生的第二起坠机事件，又一架波音 737 Max 8 飞机坠落。[①]

此前我和孩子们一起已经计划了他们上大学前的最后一次春假，我们打算去夏威夷的毛伊岛（Maui）海滩。喝咖啡前，我抽出一点时间打开加拿大航空公司（Air Canada）的手机应用程序，想确认一下我们下周五要乘坐的航班是什么机型。当我看到屏幕上的小字时，我的心一沉。

这一周在办公室里，我内心充满了焦虑，和成千上万将要乘坐波音 737 Max 8 喷气式客机的人一样为出行计划而发愁。在管

---

① 2019 年 3 月 10 日，埃塞俄比亚航空公司一架波音 737MAX 8 客机起飞后不久即坠毁，所有乘客和机组人员丧生。——译者注

理投资组合和会见客户的间隙，忧虑如石间流水一样渗透了我的头脑。我把空难新闻报道、杂乱的科学研究以及我熟悉的飞行员的话拼凑在一起。我试图理解波音 737 Max 8 喷气式客机的安全报告，为的是决定是否周五带上我一生中最关键的 3 个人登机。

到了周三，加拿大终于加入其他国家的行列，停飞了这个机型的飞机，上千名旅客听到这个消息后感到如释重负。是否乘坐波音 737 Max 8 不再由我来决定，但这种欣慰是短暂的。周四早上，我的苹果手机屏幕上突然弹出一条提示，通知我们从卡尔加里（Calgary）飞往毛伊岛的航班被彻底取消了。那正是我们将要乘坐波音 737 Max 8 的那段航程。

我意识到大量其他旅客也会遇到同样的困境，我赶紧打开了旅行应用程序。我匆匆浏览了为数不多的可订航班，花了一大笔钱为我们 4 个人订了离开西雅图的单程机票，是夏威夷航空公司（Hawaiian Air）的航班。Expedia 订票网站的政策允许在 24 小时内取消预订。我认为加拿大航空公司仍有可能解决问题并提供停飞航班的替代方案。最终，加拿大航空公司并没有那么做。在我们等待解决问题期间，加拿大航空公司的客服电话出现了严重堵塞，甚至不让打电话的人等待客服人员接听电话。

我们没有坐在卡尔加里机场的硬椅子上，没有听那断断续续的广播，没有陷入食物选择匮乏的困境，也没有去闻四处弥漫的清洗液气味，而是躺在拉海纳老城（Old Lahaina）南面离大海 10

英尺的凉台上，四周充满了热带的芬芳。

尽管我们最初的航班取消了，而且在起飞前几天出现了混乱，但取消航班的唯一损失是财务上的。爱彼迎（Airbnb）上预订的普阿马纳海滩（Puamana Beach）海景房是不可退款的，房费早就支付过了。由于存在沉没成本偏见，当无法退款时，只要价格不是高得离谱，我们更有可能花更多的钱来完成旅行，而不是取消旅行。即便可以退款，对这些计划的预期也会带来情感上的沉没成本。任何你花时间赚取或培养的东西都可能引发沉没成本偏见。

我为这次旅行购买了保险，但最终发现保单并不包括这种风险。不管怎样，最后一分钟换航班的确很贵。在预算之外花钱并不是人人都能负担得起的选择。如果没钱在最后一分钟购买其他航班的机票，我们就会产生失落感——不仅因为房费不可退，还因为计划的失败。也许金钱不能直接买到幸福，但它无疑增加了幸福的可能性。至少，就我们而言，在购买了其他航班的机票后我们就可以享受我们的假期了，我们离幸福更近了。

如果金钱几乎可以用来换任何东西，那么你当然可以用它来换幸福。当你把钱花在能给你带来快乐的东西上时，这一点就显而易见了。然而，你可能有充分理由怀疑这种说法的普遍性。事情并不像看起来那么简单。想想那些痛苦的彩票中奖者以及那些身无分文却很快乐的极简主义者。

当然，有了钱就可以雇人来做自己不喜欢做的事。消除不快乐不就等于买到快乐了吗？同样，钱也可以把你从乏味或困难的任务中解放出来，让你有更多时间。如果你的车道很长，你害怕铲雪，那么花钱聘请一家公司清理积雪既减轻了每次下雪带给你的痛苦，又让你有时间去从事令人愉快的活动。

把钱花在节省时间的地方，对生活的改善是可以衡量的。对于一个忙碌的家庭来说，用外卖比萨代替做饭，既节省了时间，又减少了焦虑。一个孩子足球训练要迟到，另一个孩子急着去跳芭蕾舞，叫外卖让家里每个人都从摆放餐桌、准备饭菜、饭后洗碗的家务中解脱出来。不做这些家务，他们都可以专注于自己的人际关系和自己喜欢的活动了。

当然，空闲时间可以用来追求带来快乐的爱好和兴趣。然而，正如许多人在新冠疫情期间发现的那样，拥有更多的空闲时间并不一定意味着你更快乐。尽管有很多空闲时间，但每天坐在狭小的公寓里望着同样的四壁，让许多人不知所措。如果你不能利用空闲时间去追求你喜欢的人际关系和活动，那么额外的空闲时间也没有多大用处。同样，如果你需要或想要放松，那么放松是有用的。如果你已经足够放松，再放松也没有什么好处。

我见到马克·霍尔德博士（Dr. Mark Holder）那天，恰好是北美股票市场下跌的一天。霍尔德博士穿着朴素，与他对生活的热情形成鲜明对比。他自我介绍说自己是世上最无聊的人，他调皮地咧嘴一笑并像所有科学家那样用证据来证明自己的说法："你还认识谁总是像我这样在说研究表明……"

在这段被疾病和悲伤困扰的时间里，遇到一个积极、乐观、专注于幸福研究的人，真是令人耳目一新。作为一名教授和世界著名的幸福学专家，霍尔德博士经常应邀在国际性的重要场合发表演讲。他在文章和期刊中被誉为"幸福博士"，他的经纪人似乎很容易就能为他安排做专业演讲的机会，而这也满足了他对旅行的热爱。

他不喝酒，也没有中年男子的典型恶习。他开着一辆本田思域轿车，用他自己的话说："这是我唯一需要的东西。"虽然他生活方式保守，但他承认自己对旅行充满激情，热爱各种生活经历，对朋友也非常慷慨。他研究的是什么带给人快乐，他的生活例证了他的研究发现。

霍尔德博士的调查研究表明，金钱确实能买到幸福，但这取决于你如何花钱。他首先提到了一个实验，该实验给参与者一些钱让他们去花。那些被随机选中把钱花在别人身上的人比那些把钱花在自己身上的人更快乐。在加拿大的一项全国调查中，研究人员发现把更多的收入花在别人身上更快乐。此外，另一项关于获得意外之财后消费的研究也发现了这一点。

霍尔德博士的话还没说完。之后，他解释了为什么你把钱花在经历上，增加了幸福感。一般来说，社交场合、旅行和其他不期而遇比购物带来的快乐更大。他又指出，这种快乐取决于活动的内容。前往偏远地区，在鲨鱼笼子里与鳄鱼一起潜水，这对一些人来说可能是一生难得的经历，而对另一些人来说则是恐怖的经历。人在恐惧中是没有幸福可言的。

如果说经历可以带来幸福，那么这些经历必须是对我们个人有意义的经历。如果金钱让你更有机会获得这些经历，那么可以说金钱提供了一条通往幸福的道路。

同样的道理，实现目标和获得满足自然会带来幸福。如果你需要钱来成就某个目标，在这种情况下你也可以说钱能买到幸福。

你可能认识到了，金钱可以提供获得幸福的机会。然而，正如你的人生阅历告诉你的那样，钱能解决多少问题就能制造多少问题。

幸福与贪婪

许多人说如果他们有更多钱，他们会更快乐。也许这种想法解释了为什么励志演说家和金融大师能赚我们很多钱。讲高效投资策略的书被抢购一空，作者卖书获得的财富超过了该策略本身。鼓舞人心的海报和带有讽刺意味的 T 恤上写着："为什么我长得帅却不富有？"快速致富的建议很诱人，似乎指明了我们实现目标的途径。尽管美国人已经很富有，但他们仍然渴望获得快速致富的建议。美国人的幸福感显然低于他们的财富水平。

现在你对偏见的影响有了更多的了解，你可能会意识到，人们的消费习惯并不总是完全不受约束的。我们几乎总是受到偏见的影响。此外，社会压力在驱使我们与人攀比。如果求职时你的穿着打扮比不上你的竞争者，那么你的成功概率就会大打折扣，你甚至会失去这个机会。销售人员的打扮可以促成交易，那些花钱购买奢侈品或豪华汽车的销售人员会使其他人处于竞争劣势。少数富有销售人员购买这些东西的决定会促使其他人效仿。

与一百年前相比，现在的大规模生产带来了种类繁多、数量惊人的产品。直到工业革命产出丰富的食物，肥胖才成为一种流行病。同样，产品的爆炸性生产直接导致个人储物服务成了北美数十亿美元的产业。

购物疗法带给你的不过是转瞬即逝的快乐，然后是几天、几个月甚至几年的后悔。从信用卡还款日到期的那一刻开始，你就会后悔。这些物品本身可能也会提醒你其价值已经大打折扣了。时尚的变化、技术的进步、东西不太适合你，这一切使你把买来的东西丢在一边。一个无生命物品的重要性永远不会超过你赋予它的价值。要想让某件物品继续对你有用或给你带来快乐，你必须继续赋予它价值。这样做可能得不偿失。

现在，有了自动支付系统和方便的送货上门服务，我们只需点击几下鼠标就能获得大量商品。购物的便捷性加上禀赋效应导致我们囤积了大量工具、物品和其他私人用品。我们的柜子和储物间里塞满了买来的东西，这些东西都是我们不由自主地消费的结果。这些杂乱的东西充斥着我们的生活空间，没有带来我们想象的快乐。在我们的生活中，有些东西能给我们带来快乐和满足感，但还有很多东西并不像销售宣传的那样好，我们却信以为真购买了这些东西。

如果我们买了不需要的东西还不够糟糕的话，更糟糕的是买了以后我们就不愿扔掉它们。那些关于聘请专业人士整理杂乱的家和办公室的节目很受欢迎，这说明我们很难抛弃自己拥有的东西。我们对这些杂物恋恋不舍，至少在一定程度上是因为受到损失厌恶、沉没成本偏见和禀赋效应的影响。当我们的空间里到处都是杂物，到了无法居住的地步，断舍离之痛甚至会成为一种严重的功能障碍。这种功能障碍反过来又会导致个人痛苦。按照《精神障碍诊断与统计手册》（*Diagnostic and Statistical Manual of Mental Disorders*，DSM-Ⅴ）的归类，"囤积症属于强迫性谱系障碍"。然而，偏见导致不同程度的痛苦是很普遍的，囤积症只是一个极端的例子。

100年前，高速公路旁边还没有那种带有橙色方形车库门的工业建筑，因为那时候还没有今天这种个人储物行业。虽然人们的居住面积越来越大，但是最近人们还是感到需要异地储物设施。

于是包装和装卸服务公司有了提供个人储物服务的新想法。储物需求主要源自6个方面：裁员、死亡、离婚、流离失所、灾难和拥挤。出租储物柜的公司把我们的过度消费美化成一个意想不到的个人微周期，这让我们感觉舒服些。我们更愿意承认此事我们无法控制，而不愿意承认我们只是买了太多东西而且拒绝丢弃——这是用推理来平息认知失调。

更糟糕的是，人们倾向于保留不必要的物品而不是处理掉。禀赋效应造成没有价值的物品值得保存。我们会对自己说："我将来可能会需要它。我最好留着它，这样就不必再买了。"一旦我们拥有了某样东西，我们就会赋予它价值，即使这些东西是非必要的。由于禀赋效应，我们倾向于对我们已经拥有的个人物品估值高于我们尚未拥有的相同物品。我们不仅想留住多余的东西，而且当我们试图卖掉这些东西时，也会因为偏见而定价过高。

在传统的谈判策略中，对于一个交易标的，卖方会抬高价值，而买方会压低价值。双方都希望以一个有利的价格结束谈判。所以，开始出价时设立一个谈判缓冲区是个好主意。利用锚定效应也是一种影响谈判的好方法。避免负面情绪的渴望导致我们以可预测和非理性的方式行事。当我们试图处理掉某物时，我们对自己物品的恋恋不舍会引发损失厌恶。而且，我们对自己物品的估价也会高于市场价。损失厌恶这种情绪偏见非常普遍，以至于人们更关注卖掉某样东西的害处，而不是获得等值收益的好处。

一张 100 加元的钞票找不到了，你清晰记得把它塞进夹克口袋里了，这件事带来的痛苦比你过马路时在路边石上捡到 100 加元带来的快乐更大。损失和收益在数值上是相等的，但损失带来的冲击更大。人们通常需要赢得 2 倍的金额，才能平衡收益与损失之间的情感价值。也就是说，损失给我们带来的痛苦大约 2 倍于收益带来的快乐。这可能部分源于对得失的数学计算。如果你损失了 20%，你需要收益 25% 才能回到原点。无论如何，失去金钱的不快比获得等量金钱的快乐更多。

你可能认识一些人，他们总是把不想要的东西送人，他们会说："也许你能用到。"这些人似乎不忍心扔掉那些仍然有使用价值的东西，即使他们自己不想要或不需要了。捐给慈善机构或者二手物品商店是个好办法，既能循环利用有用物品又能减轻自然偏见引起的情绪反应。

自工业革命以来，人们购物变得越来越疯狂。有些人决定不再保留不想要的东西了，于是把这些东西运到了垃圾填埋场。美国喜剧演员杰瑞·宋飞（Jerome Seinfeld）把我们的家描述成垃圾处理中心。"你买了新东西，把它们带到家里，然后慢慢地把它们变成垃圾。"喜剧往往能反映出我们共同的缺点：

你可以重复推销员对你说的话。但是，同样的话从你嘴里说出来就不一样了。然后你开始意识到，也许你不会像原来想象的那样热衷于晒水果干。这个晒水果干的工具被扔到储藏室里。这就是为什么我们要有个储藏室。所以，我们犯的大错比比皆是。开始你把它放在架子上，那里很容易拿到。然后把它挪到地板上，你开始踩着它够别的东西了。现在你只对其他更新的东西感兴趣，而这些新东西刚刚开始它的垃圾之旅。

收到礼物时，如果你把它留在原来的包装里，更容易送给别人。"礼物转送"（regifting）这个词出现在 1995 年《宋飞正传》（Seinfeld）关于标签制作器的那一集中并从此流行起来。主人公宋飞匆忙撕开蒂姆·沃特利（Tim Whatley）因超级碗①门票一事寄来的谢礼。他的朋友伊莱恩（Elaine）插话说这个标签制作器是一件很棒的礼物，她去年圣诞节刚送了一个给蒂姆。她话说到一半就意识到蒂姆把她送的礼物转送了。蒂姆不太喜欢这个礼物，不想自己用。从那时起，礼物转送这个巧妙的表达就成了我们语言的一部分。

如果说金钱可以买到幸福，那并不是我们买的东西提供了幸福。想象这些东西如何改善我们的生活对我们追求幸福来说更重

---

① 超级碗（Super Bowl）是美国职业橄榄球大联盟（NFL）的年度冠军赛。——译者注

要。想想购物之前你给自己讲的故事吧。我们让自己相信这个东西将会如何改善我们的生活。你一定要明白，同样是这件东西，将来的维护、储存和最终抛弃会导致一系列不愉快的情绪。可以说，我们买的东西给我们带来的不快和它最初带来的快乐一样多。

健康、快乐和你的钱

可选择的东西多是发达国家的标志。在隆冬时节，走进当地的超市，有新鲜的花椰菜、羽衣甘蓝、蘑菇和多种西红柿可供选择，这是有意义的福利。大量有营养的商品以及各种医疗产品和服务大大改善了全社会的健康，我们再也不必只吃去年秋天存下来的土豆和根茎类蔬菜了。生活水平的提高增加了我们的整体健康和幸福感。

众所周知，压力的降低和满足感的增加会带来更健康、更快乐的生活。造成焦虑和压力的最重要因素是恐惧、错位的热情和后悔。这些情绪也是许多行为偏见背后的重要动机，这些行为偏见对财务决策是有害的。损失厌恶、可能性效应、确定性效应、过度自信、后见之明偏见、一厢情愿、从众心理都会使你偏离个人经济价值中列出的目标。最终，你的财务目标和财务安全都面临风险。损失厌恶和后见之明之类的偏见会通过产生焦虑和其他负面情绪直接影响你的幸福。与收入水平相比过高的债务水平或面临经济损失都会让人惶恐不安，这种情绪带来的不快让你的总体幸福感大打折扣。

恐惧和担忧不仅会降低你的生活质量，还会缩短你的预期寿命。压力、焦虑、抑郁和消极的思维模式会产生更高水平的皮质醇。如果皮质醇长时间留在你的身体中，就会对你造成不好的影响。从你的免疫系统到人际关系，都会受到破坏。没有快乐，你的身体就会逐渐垮掉。

基因并不能预先决定人衰老的过程，就像吸烟不一定短命，健身不能确保长寿一样。然而，伊丽莎白·布莱克本博士（Dr. Elizabeth Blackburn）关于端粒的研究带来了令人信服的希望，也为我们减少压力、增加快乐提供了明确的动力。

布莱克本博士最重要的工作是从研究池塘藻类开始的。从20世纪80年代对微生物基因末端进行测序开始，她发现每条染色体末端都有一个保护性序列，可以加速或减缓衰老。今天，在有关快乐促进长寿的研究方面，布莱克本博士的研究应用可能最具影响力。端粒标志着健康，它能在细胞分裂过程中保护基因。

由于衰老和压力，端粒会缩短并最终消失，使人身体变差，容易生病。布莱克本博士和埃佩尔博士（Dr. Epel）的研究表明，生活方式的改变可以减缓甚至逆转端粒的磨损。她们广泛的研究显示，我们熟知的改善健康的常见方法也有助于保持更长的端粒。这些方法包括适度运动、健康饮食和良好睡眠。除了这个体贴的建议，她们还发现有确凿证据可以证明好的心理习惯能有效地治疗焦虑和抑郁。这些习惯包括专注和责任心。她们还指出，认知心理疗法，如正念练习，也有类似的好处。消除压力的根源可以减缓和逆转消极思维过程造成的端粒变短。

根据 2019 年 1 月发布的一项调查，加拿大人普遍感到幸福。较高的总体幸福感和财务安全感会带来更亲密的人际关系。幸福感的好处不仅限于亲密关系，幸福感的增加会提高你的免疫功能、认知灵活性、忍耐力、创造力和职场竞争力，改善你的社会关系、睡眠质量，甚至延长寿命——好处不胜枚举，其中一些好处又会以自增循环的方式增强其他好处。例如，将自己的健康状况描述为"非常好"或"极好"的老年人也报告了更高的生活满意度。生活满意度是由他们的生活水平、人生成就、个人关系和健康来定义的。

财务安全产生幸福感，因为它减少了忧虑和情绪压力。财务安全还提供了改善健康的资源，增加了获得快乐经历的机会，增加了医疗保健选择。幸福感改善了人际关系和我们的身心健康。更高的健康水平提升了我们的生活水平、成就感和生活满意度。

所以，得出财务安全带来幸福的结论，你可能不会感到惊讶。

多少钱才算足够

> "给我看看你最好的钻石。钱不是问题。"
>
> ——一位匿名的亿万富翁

拥有花不完的钱似乎能带来无忧无虑的生活方式。在奢侈品上大把花钱，眼睛都不眨一下，这似乎很有趣。人们有动力去追求奢侈生活，因为你拥有的钱越多，你受到的约束就越少。此外，想象一种可以轻松愉快花钱的生活是很有趣的。

毫无疑问，许多人相信更多象征财富的东西等于更多幸福。现在游艇的长度是几十年前的两倍。我们的房子更大了，洗手间更多了。如果你是个中年人，你会记得带洗手间的卧室对于普通的中产家庭来说是一个相对较新的东西。

然而，问题是：我们会因为更大的游艇、更多的洗手间而更加幸福吗？

研究表明，收入达到一定水平后，更高的工资并不能从实质上增加幸福感。不足为奇的是，当你能舒适地维持你的生活水平时，收入每增加 1 单位，能增加的幸福感会逐渐减少。一旦你满足了基本的舒适生活，更多的收入并不能带来更多的快乐。

从社会角度来看，某些人在奢侈品上的过度消费意味着用于其他目的和其他人的资源变少了。总的来说，这种过度消费在一定程度上减少了大家的幸福，因为它造成了不必要的污染，浪费了自然资源，却只有少数人享受到好处。

具有讽刺意味的是，拥有巨额财富的家庭面临着一个严重的问题：巨额财富阻碍了子女产生人生动力。这些家庭担心财富会毁孩子们的抱负。天生大富大贵，尤其是在幼年时期，会破坏一个人的人生目标。对于富有的家庭来说，把多少财富传给后代是个关键问题，因为一份与受赠人的幸福需求不成比例的礼物可能会对他们的生活产生不利影响。这些富人的遗产规划几乎总是包含保护下一代抱负和幸福的策略。

还有一个问题是他们承担的社会责任。当你的钱不断复利时，你会不由自主地变得越来越富，你的钱可能会多得花不完。然而，本书介绍的行为倾向困扰着每个人，与财富多少无关。富豪捐出数百万加元并不像听起来那么容易，损失厌恶仍然在暗暗起作用。影响我们每个人的相同问题并没有随财富增加而有很大不同。

有趣的是，只要够花，钱少点并不一定会让人不快乐。但是，标准一直在提高，多少钱才算够花呢？你拥有的钱越多，你需要的就越多。随着财富的增长，钱够花的目标越来越遥不可及。什么时候才算足够呢？

也许我们解决这个问题的方式才是问题的根源。钱只是钱，除了可以交换东西，它没有任何意义。人们想要得到有价值、有意义或令人愉快的东西可能需要钱，但未必都需要钱。

当你的钱太少时，问题会变得显而易见且实实在在。那么，财务安全可以定义为维持你的基本需求。如果我们能将这个定义与你在第四章 8 个步骤中设定的目标和目的结合起来，你可能会很清楚多少钱对你来说算是足够。

对你来说怎样才算财务安全？回顾个人经济价值观是一个很好的出发点。请牢记你对金钱的信念。

你的基本需求决定了初始标准。你可以通过列出日常开支和财务负担来确定这个数字。把你的预算、财务负担、日常生活开销加在一起。维持这些开支需要多少钱？

然后考虑你想在一生中实现的冒险、经历以及想获得的东西。你想实现的许多事情都是有成本的。周游世界、获得学位、开办企业都需要资金投入。把你实现这些目标所需资金的数额加起来并确定你什么时候需要这些钱。将这个数额与维持财务安全所需的数额相加。最后，再加 10% 作为意外健康问题和经济变化的保障。得出的数字就是对你来说足够的金额。

财富与幸福有着千丝万缕的联系，原因很简单，就是金钱可以用来交换你个人定义的幸福。金钱满足了基本生存需求。你可以用金钱来创造更多获得愉快经历的机会。金钱可以改善你的健康前景或者为你的健康提供更多选择。

如果你知道如何花钱，钱就可以买到幸福。然而，你必须首先明白是什么让你幸福。如果你能在找到幸福的同时赚更多的钱，那就更好了。条条大路通罗马。

有趣的是，钱足够花似乎比钱太多或太少更好。而且，如果没有前文的计算，你可能不知道多少钱算是足够，直到你达到那种状态为止。不管怎样，确定多少钱足够保证你的财务安全并实现你的主要目标要涉及数学，所以聘请一个会使用电脑、计算器并在财务规划方面有见地的人对你来说是有帮助的。如果这个人懂得行为、金融和个人经济价值观的含义，那就更好了。

同样值得注意的是，你的自然偏见可能会让你身在福中不知福。后见之明偏见常常无缘无故地制造遗憾，那件事其实是无法预防的。锚定效应可能阻止你接受一份新工作，或者使你因为工资低而放弃一份自己喜欢的工作，即使这份工资其实是合理的。和别人攀比会迫使你买一些你并不真正想要或需要的东西。确定性效应让人急不可耐地成交，如果你能够承受压力、耐心等待，就能获得回报，以更好的价格成交。还有，当及时止损更符合你的风险承受能力和长期目标时，损失厌恶却迫使你铤而走险。尽管偏见的初衷是好的，但是如果不加以控制，我们就会被其拖累，产生令人遗憾的结果。如果你能免受偏见的影响，你就能享受更多快乐，减少财务损失。这有助于你存下更多的钱并减轻财务压力。

在本书中，你不仅发现了一些影响你做选择的自然倾向，而且还深入了解了如何采用一些简单而有用的习惯来减少偏见的影响。然而，减少有偏见决策的最好方法是减少你一生中面临的交易选择的数量。

如果你让自己的重要决策与个人经济价值观保持一致，你就走上了向关键目标迈进的道路。如果你这样做了，一路上偏见对你的影响就会减少。你还会发现，这样做将减少你面临的交易决策的数量，从而减轻你的风险和压力。

了解并坚持你的个人经济价值观，不要受自然倾向影响而选择最小阻力路径。做到这一点，你将自始至终如电流一样行事，获得终身幸福和财务成功的好机会。